BEST EVER

TRAVEL *Tips*

lonely planet

BEST EVER TRAVEL *Tips*

50 DINGE, DIE JEDER WELTENBUMMLER WISSEN MUSS

BRUCKMANN

INHALT

TOP 50 TRAVEL TIPS

ALLERLEI NÜTZLICHES KURZ UND KNAPP

VORWORT

Ein Buch wie dieses zusammenstellen zu dürfen, ist für einen Reiseverrückten wie mich ein Traum. Es ist der Versuch, das gesamte reiserelevante Wissen der Welt zu filtern und in 50 Tipps als kleine Lesehäppchen zu präsentieren – nicht zu banal (»Lassen Sie sich nicht die Sonne auf den Pelz brennen, bis Sie rot wie eine Tomate sind«), aber auch nicht zu speziell und unverständlich. Sie werden hier also nichts darüber finden, wie Sie einen Husky führen oder die Backwaters in den weiten Lagunen der mikronesischen Insel Pohnpei kartieren.

Ich möchte, Ihnen universelle Tipps geben, egal, wohin auf der Welt Sie reisen.

Vielmehr habe ich die Welt des Reisens in verschiedene Themen gegliedert und mir dann jeweils Experten gesucht für alle möglichen Themen; von Technik bis Abenteuer, von Städtetrips bis zu den besten Möglichkeiten, Einheimische und andere Reisende kennenzulernen. Ich möchte Ihnen universelle Tipps geben, egal, wohin Sie reisen, egal, wie groß oder klein Ihr Budget ist. Und ich habe nichts dagegen (und Sie sicher auch nicht!), Ihnen auch ein paar Geheimtipps zu verraten!

Tom Hall

TOP 50 TRAVEL TIPS

1

BASIS-
WISSEN

DIE BESTE ZEIT FÜR FLUGPREIS-SCHNÄPPCHEN

Wie Sie dem Buchungssystem ein Schnippchen schlagen

Wann beginnt der Ticketverkauf?
Für gewöhnlich elf Monate im Voraus. Warum? Das ist historisch bedingt: eine Maßnahme aus Zeiten, da Sitzpläne noch per Hand angefertigt wurden. Das half den Airlines, Fehlbuchungen zu vermeiden – richtiger Flug, richtiger Tag, aber falsches Jahr.

Lohnt es sich, fast ein Jahr im Voraus zu buchen?
Nein, nicht immer. Airlines können ihre Preise stündlich aktualisieren (und tun dies häufig auch). Sie benutzen dafür einen hochkomplizierten Algorithmus zur Gewinnmaximierung – ein möglichst voll besetzter Flieger und Fluggäste, die möglichst viel für einen Platz bezahlen.

Wann ist die beste Zeit, um zu buchen?
Im Schnitt ungefähr fünf Wochen vor Reiseantritt. Wenn Sie flexibel sind, warten Sie ab. Beobachten Sie die Preise und achten Sie darauf, wann die Tickets günstiger werden – Abflugtag und -zeit beeinflussen die Preise enorm.

Günstig verreisen in der Hauptsaison, an Weihnachten etwa – geht das?
Hier gilt: zeitig buchen! Dann sind noch alle Tarifklassen verfügbar und Sie haben gute Chancen auf ein Ticket zu einem passablen Preis. Billiger wird es nämlich nicht mehr. Und so bekommt man noch einen Platz bei seiner Wunsch-Airline.

Filip Filipov, Head of B2B, Skyscanner

SALE!

2

BASIS-WISSEN

SO SICHERN SIE SICH IMMER DEN BESTEN PREIS

Wie Sie den perfekten Schnäppchenflug finden

Sind Flüge auf internationalen Hauptverkehrsrouten nicht vollständig ausgelastet – was der stark gestiegenen Anzahl an Anbietern in diesem Bereich zu verdanken ist –, können Passagiere echte Schnäppchen machen.

1 »Meist senken die Airlines ihre Preise im Januar und im September«, sagt Stuart Lodge von roundtheworldflight.com. »Die Airlines versuchen so, ihre Flieger in der nächsten ›Zwischensaison‹ voll zu kriegen – also von März bis Mai und von Oktober bis November. Es gibt zwar auch sonst Schnäppchen, allerdings nur wenige.«

2 Wenn Sie während der Schulferien oder zu anderen Stoßzeiten reisen, hat es keinen Zweck, auf ein billiges Angebot zu warten – es gibt keines.

3 Günstige Tickets gibt es meist für weniger nachgefragte Routen, logisch. Preisnachlässe für Routen mit hoher Nachfrage bei geringer Kapazität sind seltener zu finden.

4 Senkt eine Airline die Preise, ziehen andere oft nach, und es kommt zu einem Domino-Effekt. Es ist nicht ungewöhnlich, dass ein halbes Dutzend Fluggesellschaften gleichzeitig ihre Preise senken.

5 Tragen Sie sich in die Newsletter-Verteiler diverser Airlines ein, um über aktuelle Schnäppchen informiert zu werden.

BOARDING PASS

3

BASIS-
WISSEN

DER ULTIMATIVE ROUND-THE-WORLD-TRIP

Stuart Lodge von roundtheworldflight.com verrät, wie Sie das Maximale aus einem RTW-Ticket herausholen.

Auf geht's!

Am besten reisen Sie zwischen Mitte April und Juni, das ist am günstigsten, oder Sie vermeiden zumindest die Hochsaison: Juli, August, Dezember, Januar. Und wenn Sie dann auch noch von Ost nach West reisen, folgen Sie quasi dem guten Wetter.

Wohin?

Viele planen ihre Route um zwei oder drei ihrer Wunschziele herum. Wer unbedingt nach Südamerika möchte, sollte aber wissen, dass das meist komplizierter und teurer wird.

Vorschriften beachten

Das Ticket ist gebucht, aber Sie haben spontan Änderungswünsche? Flexible Tickets kosten beim Kauf zwar etwas mehr, zahlen sich langfristig aber aus.

Wann?

Exotische Ziele wie Indonesien oder ausgefallene Orte in Südamerika sind beliebt, werden aber per RTW-Ticket kaum angeboten. In diesen Fällen ist es besser, einen Billigflug von einem nahe gelegenen Flughafen aus zu buchen und später auf die RTW-Route zurückzukehren.

Land in Sicht!

Oft kann es am Boden mit dem Zug weitergehen, weil man mit einem RTW-Ticket an einem Ort landen und an einem anderen wieder abfliegen kann. Wenn Sie ausgetretene Pfade meiden wollen, machen Sie auch mal Umwege.

4

BASIS-
WISSEN

REISEN MIT WENIG GEPÄCK – FÜNF TIPPS

Von Dough Dyment – Reisereferent, »Leichtgepäck-Experte« und Betreiber von onebag.com

1 Es steckt nur ein Geheimnis hinter Reisen mit wenig Gepäck: eine ordentliche, individuelle Packliste. Dazu gehört ein Versprechen an sich selbst, nichts einzupacken, was nicht auf Ihrer Liste steht. Und das ist oft gar nicht viel und passt in das Handgepäckstück, egal, ob sie nach Indien oder Inuvik reisen.

2 Kleine Kofferkunde: Die meisten Reisetaschen werden so gestaltet, dass sie gut aussehen, sind aber nicht auf wenig Gewicht ausgelegt. Schulen Sie also Ihr Auge für das Design (Form, Ausstattung) und die Machart (Stoffe, Reißverschlüsse). Womöglich stellen Sie fest, dass die Rollen an einem Trolley in erster Linie diesen stützen, für Ihr Gepäck selbst aber keine »Stütze« sind.

3 Flüssigkeiten sind der Fluch aller Leichtgepäck-Reisenden. Sie sind schwer, meist unförmig verpackt, laufen gerne aus und werden vom Sicherheitspersonal immer genau unter die Lupe genommen. Und sie sind schwer – hatte ich das schon erwähnt?

4 Wäsche waschen. Regelmäßig und mit dem richtigen Zubehör gemacht – Reise-Wäscheleine, Reise-Waschpulver, Universal-Abflussstöpsel – geht das nebenher. So reichen drei Garnituren Unterwäsche locker!

5 Farblich abstimmen. Um aus einer bescheidenen Menge Kleidung den größtmöglichen Nutzen zu ziehen, sollten Sie darauf achten, dass alles zu allem passt.

5

BASIS-
WISSEN

CHECKLISTE VOR DEM ABFLUG

Bevor Sie das Haus verlassen, überprüfen Sie noch einmal die wichtigsten Dinge.

Reisepass

Okay, daran haben Sie wohl gedacht – aber auch an das Gültigkeitsdatum? In einigen Ländern muss er bei der Einreise noch mindestens sechs Monate gültig sein. Und falls Sie ihn neu beantragen müssen, denken Sie daran, dass dies dauern kann, insbesondere in der Hochsaison. Ob Sie ein Visum brauchen, steht übrigens auf www.iatatravelcentre.com.

Im Voraus buchen und Geld sparen

Reservieren Sie den Parkplatz am Flughafen im Voraus und bestellen Sie Fremdwährungen vor. Letzeres lohnt auch noch kurz vor der Abreise. Zur Abholung benötigen Sie die Karte, mit der Sie bestellt haben, und meist gibt es einen gesonderten Abholschalter.

Sich versichern – ganz wichtig!

Eine Reiseversicherung beinhaltet hauptsächlich Leistungen im Krankheitsfall, und das macht sie so teuer, wenn man schon älter ist. Damit die Versicherung auch greift, müssen sämtliche Vorerkrankungen angegeben werden – kompromisslos.

Gepäck weg?

Verlorene Gepäckstücke, die nicht wieder bei ihren Besitzern »landen«, werden letztlich versteigert. In Scottsborough (USA) gibt es sogar ein Unclaimed Luggage Centre, das solche Dinge an- und wieder verkauft – vielleicht die letzte Chance, seinen Besitz wiederzubekommen …

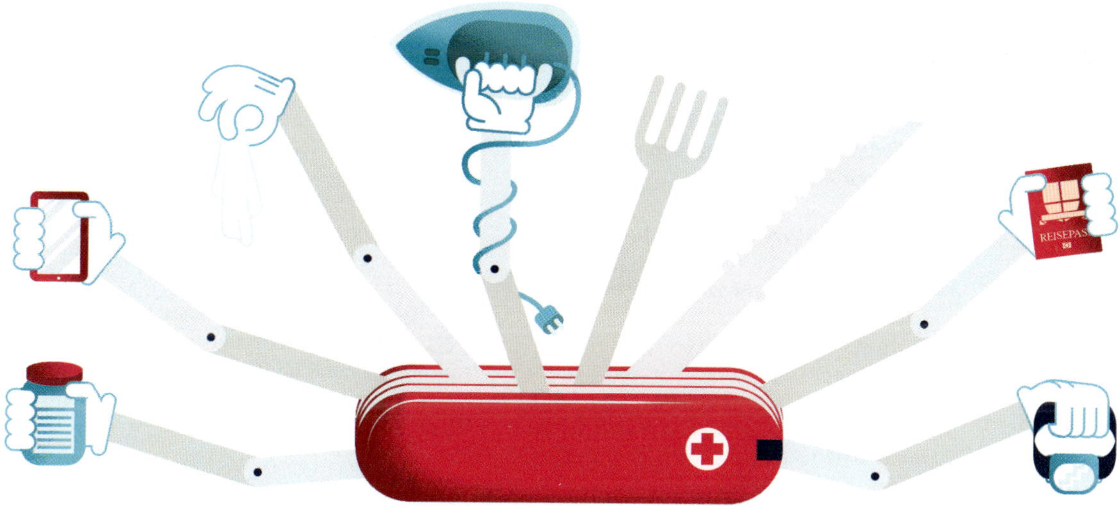
REISEPAS

6

BASIS-
WISSEN

ALLES ABGEDECKT!?

Worauf Sie bei einer Reiseversicherung achten sollten

Um die Versicherung sollten Sie sich unterwegs keine Gedanken machen müssen – aber unbedingt vor der Abreise!

1 Ist Ihr Reiseziel inbegriffen? Hört sich trivial an, ist aber, vor allem bei Ländern außerhalb Europas, nicht selbstverständlich.

2 ... und alle Aktivitäten? Sie wollen Skifahren? Oder klettern? Stellen Sie sicher, dass diese Aktivitäten mitversichert sind. Achten Sie auf eventuelle Beschränkungen etwa für das Fahren abseits der Piste.

3 Wie hoch ist die Versicherungssumme? Die Versicherungssumme für medizinische Leistungen, die Sie sowieso nie brauchen werden, mag Ihnen geradezu astronomisch hoch erscheinen. Bedenken Sie aber: Es geht hier immer um den schlimmstmöglichen Fall. Für USA-Reisen empfiehlt sich die höchstmögliche Summe, denn medizinische Versorgung ist dort sehr teuer.

4 Unterlagen mitnehmen! Nehmen Sie die Dokumente mit und legen Sie online eine digitale Kopie ab, beispielsweise in Ihrem E-Mail-Account. Speichern Sie die Nummer Ihrer Versicherung in Ihr Handy ein.

5 Kein Anspruch bei Trunkenheit! Achtung: Viele Versicherungen greifen nicht, wenn Sie betrunken sind oder unter Drogen stehen.

REISEPASS

7

BASIS-
WISSEN

KLAMOTTEN PACKEN – ABER RICHTIG!

Die Kunst des Bündelschnürens

Nichts ist nerviger, als wenn die so sorgfältig gepackten Klamotten am Ziel der Reise als ein einziger verschrumpelter Haufen zum Vorschein kommen. Für dieses Problem gibt es nur eine Lösung, die tatsächlich funktioniert. Aber die kennt überraschenderweise kaum einer.

Das Ziel besteht darin, zum einen das Falten abzuschaffen (was nichts bringt außer, na ja, Falten eben) und zum anderen dafür zu sorgen, dass die einzelnen Kleidungsstücke nicht aneinander reiben (was auch nur Falten verursacht). Beides zusammen schreit förmlich nach der Technik des sogenannten »Bündelschnürens« – das Wickeln der Kleider um einen Kern herum, etwa einen flachen Beutel, ausgestopft mit Socken und Unterwäsche.

Verstauen Sie leicht knitternde Kleidung (Jacken, Blusen) weiter weg und weniger Empfindliches (Pullover, Jeans) näher am Kern Ihres Bündels. Damit das Bündel im Koffer nicht verrutscht oder gar auseinanderfällt, zurren Sie es gut fest.

Um ein richtig guter »Bündelschnürer« zu werden, gibt es weitere nützliche Tipps, die sich in Bildern sehr viel besser veranschaulichen lassen, als ich es hier beschreiben könnte. Ein paar Stichworte bei Google bringen weiter! Wenn Sie gut sind, müssen Sie nicht einmal auf Ihre feinen Leinensachen verzichten!

Dough Dyment – Reisereferent, »Leichtgepäck-Experte« und Betreiber von onebag.com

8

BASIS-WISSEN

PILOTEN WISSEN MEHR

Insider-Tipps für die Flugreise von A nach B

Clever packen

Das meiste an meinem Job ist Routine, auch das Packen. Jedes wichtige Stück (Pass, Geldbörse, Telefon usw.) hat in meiner Handgepäcktasche seinen ganz bestimmten Platz. So weiß ich immer, wo was zu finden ist, und sehe sofort, wenn irgendetwas fehlt oder verloren gegangen ist.

Zeitverschiebung bedenken

Auf einem Langstreckenflug, hauptsächlich von Nord nach Süd, empfehle ich dringend, den Abflug in die Morgenstunden zu legen und in den Tag hinein zu fliegen. So kommen Sie am Abend an, können in Ruhe schlafen und sind am nächsten Tag fit. Bei einem Nachtflug auf der gleichen Strecke sieht die Sache ganz anders aus.

Für alle Fälle ...

Im höchst unwahrscheinlichen Fall einer Notsituation müssen Sie für alles gewappnet sein. Natürlich dürfen Sie unterwegs die Schuhe ausziehen, aber bei Start und Landung sollten Sie lange Hosen und Schuhe tragen.

Ausreichend Wasser trinken!

Ich kann gar nicht oft genug betonen, wie wichtig es ist, auf Langstreckenflügen ausreichend zu trinken, auch vor und nach dem Flug. Vermeiden Sie Koffein und Alkohol. Ich selbst gehe zudem nie ohne Lippenpflege aus dem Haus: Spröde Lippen sind auf langen Flügen vorprogrammiert.

Andrew Pascoe, Pilot

BOARDING
GATE
BOARDING
PASS
REISEPASS

9

BASIS-
WISSEN

PER FRACHTSCHIFF UM DIE WELT

Die einzigartige und umweltfreundliche Alternative zum Fliegen

Zwischen den großen Containerhäfen dieser Welt verkehren riesige Frachtschiffe, und etliche Reedereien nehmen gerne auch eine bestimmte Menge an »Lebend-Frachtgut« (sprich Passagiere) mit. Aber keine Sorge, Sie müssen sich die Überfahrt nicht mehr durch Arbeit an Bord verdienen: Heute zahlen Sie dafür, auch wenn Sie noch so geschickt im Umgang mit dem Pinsel oder dem Kehrbesen sein mögen.

Eine Frachtschiffreise ist keine Kreuzfahrt. Die Passagiere bleiben weitgehend sich selbst überlassen. Unterhaltungsprogramm Fehlanzeige. Das Essen ist meist einfach und wird zusammen mit der Crew eingenommen. Von den angelaufenen Häfen aus, die noch dazu nicht gerade in einer malerischen Gegend liegen, ist es oft ein weiter Weg bis in die Stadtzentren. Die Passagiere machen ihre Landausflüge auf eigene Faust.

Frachtschiffreisen gibt es ab 130 US-Dollar pro Tag. Oft muss man bis zu einem Jahr im Voraus buchen. Mehr Infos zu Reisen in die USA gibt es auf www.travltips.com oder www.cruisepeople.co.uk, zu Australien, Neuseeland und anderen Zielen im Pazifik auf www.freightertravel.co.nz.

Wo Flugzeuge nicht hinkommen

Stehen auf Ihrer Wunschliste Ziele, die nur per Schiff erreichbar sind? Viele sind es ja nicht mehr, aber wirklich toll sind beispielsweise St. Helena und Tristan da Cunha im südlichen Atlantik oder Pitcairn Island im Pazifik.

10

BASIS-WISSEN

DIE WAHRHEIT ÜBER UPGRADES

Wie Sie Ihre Chancen auf eines dieser mysteriösen Upgrades maximieren

Ein Upgrade in eine höhere Buchungsklasse zu ergattern, ist ein bisschen wie Schluckauf loswerden – es gibt die tollsten Theorien darüber, wie man es anstellt, aber keine perfekte Lösung. Einen schlauen Trick oder Tipp dafür gibt es nicht wirklich, außer: Sammeln Sie Flugmeilen, um in den Genuss von Vielfliegerstatus-Vorteilen zu kommen!

»Ist der Flug überbucht, liegt die Entscheidung bei der Crew«, sagt Tom Otley, Chefredakteur bei *Business Traveller*. »Sie prüft die Buchungsdetails auf Ihrem Ticket und auch, ob und wie viele Treuepunkte Sie haben. Wenn Sie Vielflieger sind, genießen Sie einen höheren Status als andere Passagiere und bekommen so auch leichter ein Upgrade.«

Und hier kommt die unromantische Wahrheit: Es schadet natürlich nie, dem Personal am Check-In-Schalter schöne Augen zu machen. Wenn es noch irgendwo ein freies Plätzchen gibt, gibt es auch eine Chance!

Upgrade-Alternativen

Klar, ein Upgrade wegen Überbuchung zu bekommen, ist toll, aber es kann auch sehr lukrativ sein, anderweitig entschädigt zu werden – etwa in Form von Gutscheinen, Bonusmeilen oder Bargeld. Falls Sie also am Check-In-Schalter stehen und mitbekommen, dass Ihre Airline mit Boni winkt, wenn Sie auf den Flug verzichten, dann greifen Sie schnell zu!

ICH!
1UP
UPGRADE
HIER!
UPGRADE!
UPGRADE!
UPGRADE!
UPGRADE!
UPGRADE
FÜR
MICH!

11

BASIS-WISSEN

HOTELBUCHUNG ONLINE

Wie Sie im Netz die beste Unterkunft finden – und das zum besten Preis!

Früh buchen

Hotelzimmer sind 18 Monate im Voraus am Markt verfügbar. Die Preise sind dann vergleichsweise niedrig. Also: Je früher Sie buchen, umso besser.

Buchen Sie Flug und Hotel pauschal

Wenn Sie Flug und Hotel zusammen und möglichst früh buchen, profitieren Sie doppelt: niedrige Flugpreise und niedrige Hotelpreise. Das spart richtig Geld. Plus: Pauschalreisen fallen unter die Verbraucherschutzrichtlinien der EU.

Hotel-Sterne sind nicht immer alles

Sie wollen unbedingt in ein Vier-Sterne-Hotel, damit Sie ein Laufband oder kostenloses Internet haben? Das können Sie mitunter auch günstiger im Hostel oder in einer Ferienwohnung bekommen.

Stoßzeiten meiden

An Freitagen und Samstagen sind die Zimmer in den meisten Hotels oft teurer als an anderen Tagen. Tipp: Weichen Sie auf ein Hotel im Geschäftsviertel aus, dort haben Sie gute Chancen auf günstige Wochenendpakete.

Danke an Expedia (www.expedia.com) für die Vorschläge.

200 $
PRO
NACHT

12

PRAXIS-TIPPS

WELTREISE PER BAHN – FAQ

Expertentipps für Zugreisen

Wo gibt es das beste InterRail-Angebot?

Mit InterRail können Sie viel sparen, vor allem, wenn Sie unter 26 sind, flexibel reisen und richtig Kilometer machen wollen. Vorsicht: In vielen Zügen braucht man zusätzlich eine Reservierung. Und das Sitzplatzkontingent für InterRail-Pässe ist oft begrenzt, insbesondere in Zügen in, von und nach Frankreich.

Wie weit im Voraus kann man Tickets buchen?

USA	11 Monate
Kanada	11 Monate
Australien	11 Monate
Vereinigtes Königreich	3 Monate
Westliches Europa	90–92 Tage
Östliches Europa	60 Tage
Indien	60 Tage
Russland und Ukraine	45 Tage

Wie sicher ist mein Gepäck?

Geschichten von dreisten Diebstählen auf Zugreisen sind so alt wie Zugreisen selbst. Man sollte sie nicht zu ernst nehmen, aber ein gewisses Maß an Vorsicht walten lassen – nicht nur im Zug!

Wie ist die Verpflegung?

Nicht immer gibt es einen Speisewagen (oder es gibt einen, der aber eher abschreckt). Nehmen Sie Essen mit, auch genug, um zu teilen – Züge sind kommunikative Orte!

Mark Smith, Gründer von Seat61.com

13

PRAXIS-TIPPS

WIE KRIEGE ICH DAS GÜNSTIGSTE ZIMMER?

Hotelpreise sind heutzutage sehr transparent – Online-Vergleichsportale nehmen Ihnen die Arbeit ab. Aber Sie können auch selbst etwas tun.

1 Viele Hotels, insbesondere privat geführte, arbeiten mit einem Blockbuchungssystem, über das sie Zimmer für Reisegruppen reservieren, die aber nicht immer unbedingt bestätigt werden. Ab 18 Uhr geben viele Hotels die nicht bestätigten Zimmer wieder frei. Und dann gilt: Wer zuerst kommt, mahlt zuerst.

2 Halten Sie Ausschau nach Frühbucherangeboten. Diese gibt es oft 21 bis 28 Tage im Voraus, nicht selten aber zu bestimmten Bedingungen.

3 Leere Hotelzimmer sind ein Dorn im Auge der Hoteliers. Jeder Hotelier ist darauf bedacht, seine Zimmer jede Nacht zu vermieten. Je später am Tag Sie kommen, desto besser sind Ihre Chancen, Rabatt zu bekommen. Denn für den Hotelier bedeutet das: Auch wenig ist besser als nichts.

4 Späte Ankunftszeiten sind an sich kein Drama, vor allem, wenn Sie zuvor in Ihrem Hotel anrufen und Ihre Ankunft bestätigen. Und sollte das Hotel bis dahin gut gebucht sein, steigen dann sogar noch Ihre Chancen, ein Upgrade auf eine höhere Zimmerkategorie zu bekommen.

Robert Dee, Verkaufsleiter der Rezidor Hotel Group, Betreiber der Hotelketten Radisson Blu und Park Inn

$5
#1

14

PRAXIS-TIPPS

PRAKTISCHE UND WITZIGE SPIELEREIEN FÜR UNTERWEGS

Technische Helferlein für Ihren Trip

Im Zuge der Recherchen für dieses Buch haben wir eine Reihe von Experten gebeten, uns die Dinge zu nennen, die sie auf einer Reise nicht missen möchten. Dabei tauchten einige immer und immer wieder auf …

- **Tablet + USB-Tastatur** = ein Computer, der leicht zu tragen und überall einsetzbar ist
- **Universal-Adapterstecker** mit mehreren USB-Eingängen – der wahrgewordene Traum aller Computer-Junkies
- **In-Ear-Kopfhörer mit Lärmunterdrückung** – perfekt für all die wirklich lauten Reisen im Bus
- **Mobile Stromquelle** – etwa die von powertraveller (powertraveller.com). Damit halten Ihre Akkus länger.
- **Reise-Fön** und **Reise-Bügeleisen** – klein, zusammenklappbar, leicht, und die besten sind auch richtig leistungsstark.
- **Fernglas** – brauchen Sie nicht? Probieren Sie es doch einmal aus. Sie werden erstaunt sein, wie viel mehr Sie damit entdecken können.
- **Stativ** – damit Bilder nicht verwackeln. Eine gute Auswahl gibt es von GorillaPod (joby.com/gorillapod).

WÄHLEN SIE IHR
GADGET

15

PRAXIS-TIPPS

DAS ERSTE MAL: PRIVAT ÜBERNACHTEN

Tipps für die Nacht im Ferienappartement, im Gästezimmer, auf dem Sofa – oder im Garten

Die Möglichkeiten der Onlinebuchung von privaten Unterkünften haben das Angebot stark erweitert. Wer zum ersten Mal danach sucht, für den kann die große Auswahl verwirrend sein.

Andy Murdock, Redaktionsleiter bei Airbnb, erklärt, dass man nicht vergessen darf, dass der Gastgeber Sie in sein Haus einlädt. »Vertrauen ist ganz wichtig. Ihr Profil auf der Seite sollte zeigen, wer Sie sind.« Und er fügt hinzu: »Nur weil irgendwer gerade etwas frei hat, heißt das nicht, dass Sie das kriegen.« Der Gastgeber wird sichergehen wollen, dass Sie ein netter Kerl sind, bevor er Ihre Buchungsanfrage akzeptiert.

Gehen Sie auf Nummer sicher!

Bringen Sie mehrere Buchungsanfragen gleichzeitig auf den Weg – so können Sie nicht nur vergleichen, sondern erhöhen auch die Chance, dass es irgendwo klappt.

Murdock empfiehlt zudem, vor der Buchung Kontakt aufzunehmen. »Haben Sie eine konkrete Unterkunft im Auge, stellen Sie vorab ein paar Fragen. So ein kleiner Dialog stärkt das Vertrauen auf beiden Seiten.«

Achten Sie darauf, in welchem Stadtviertel die Unterkunft liegt. »Meist liegen die privaten Unterkünfte ein gutes Stück weg von den beliebten Touristenattraktionen. Wählen Sie Ihre Unterkunft also sorgfältig aus.«

ZIMMER
-ZU-
VER-
MIETEN

16

PRAXIS-TIPPS

WIEDER AUF DEM BODEN – WIE GEHT ES WEITER?

So werden anstrengende Fahrten angenehmer.

Gute Organisation

Buchen Sie Ihre Fahrten nach Möglichkeit im Voraus – vom billigen Fernbus- bis zum Erste-Klasse-Bahnticket. Es lohnt sich. Manchmal ergattern Sie so ein derart günstiges Ticket, dass die Welt nicht untergeht, wenn Sie die Fahrt nicht antreten.

Immer frisch und munter!

Packen Sie auf Fernreisen mit der Bahn oder mit dem Bus immer eine komplette Garnitur sauberer Klamotten zum Wechseln ein. So können Sie während eines kurzen Zwischenaufenthalts an einem Bahnhof eben mal schnell die Waschräume aufsuchen, sich umziehen und frisch machen und fühlen sich nicht wie tagelang ungewaschen.

Feiertage nutzen

Gesetzliche Feiertage und Ferien können lange Fahrten durch ein Land ziemlich erschweren oder gar unmöglich machen. Diese Zeiten aber bieten sich an, um einige Tage an einem schönen Ort zu bleiben, die Gegend zu erkunden, Feste mitzuerleben oder ruhigere Ecken zu entdecken.

Rauf aufs Rad

Eine gute Idee: die neuen, günstigen Fahrradverleihe. Immer mehr Städte bieten Drahtesel ohne großen Schnickschnack für Touristen an – eine wunderbare Alternative zu langen Fußmärschen oder den öffentlichen Verkehrsmitteln.

17

PRAXIS-
TIPPS

KLEINE ENTSCHEIDUNGSHILFE: ZAHLUNGSMITTEL

So vermeiden Sie versteckte Kosten und immer größere Haushaltslöcher!

Welches Zahlungsmittel?	Pro	Kontra	Top-Tipp
Bargeld	Praktisch, geringes Betrugsrisiko	Wenn es weg ist, ist es weg, unwiederbringlich.	Bei Onlinebestellung gibt es bessere Wechselkurse.
EC-Karte	Ausgaben in begrenzter Höhe (Kontostand), gute Kostenkontrolle	Kann gesperrt werden bei zu vielen verschiedenen Abhebungsorten; die Bank vorher über die Reise informieren. Und Servicegebühren beachten!	Nicht in der eigenen Währung bezahlen: Sie bekommen sonst meist einen schlechten Wechselkurs.
Kreditkarte	Einfach, wird weltweit akzeptiert	Umrechnungsgebühr und Zuschlag pro Transaktion, oft sehr hoch	Eine (neue) Karte benutzen, mit der Sie im Ausland günstig abheben können
Prepaid-Kreditkarte	Online aufladen, wie EC- oder Kreditkarte zu benutzen	Gebühren für Autorisierung, Automatenabhebungen – und bei Nichtnutzung!	Möglichst selten mit der Karte Bargeld abheben, dann lohnt sie sich richtig.
Reiseschecks	Hohe Sicherheit: werden bei Verlust erstattet	Wechselkurse wenig attraktiv	Für bestimmte Reiseziele die beste Option

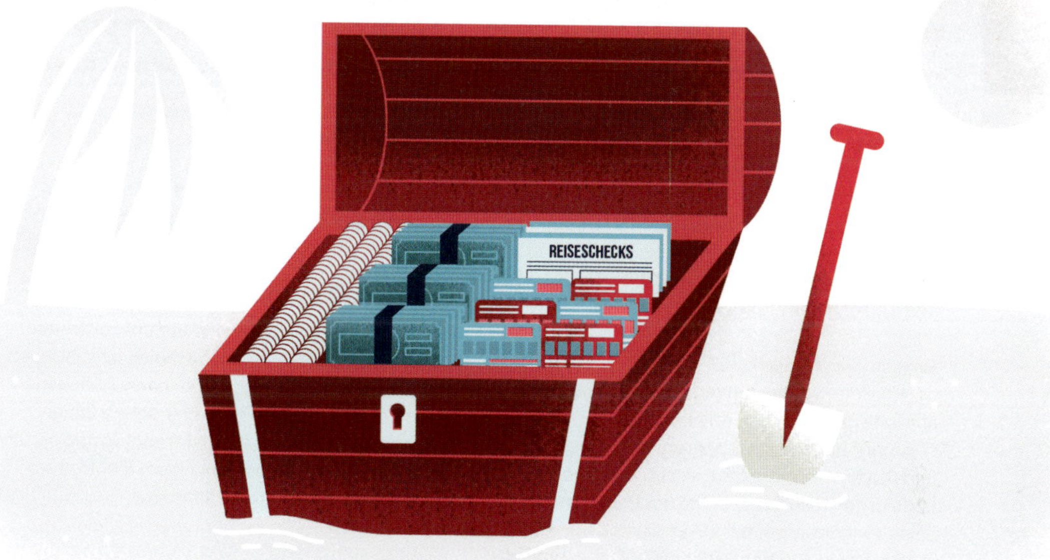
REISESCHECKS

18

PRAXIS-TIPPS

WIE ÖKO IST IHR ÖKO-HOTEL WIRKLICH?

Worauf Sie achten müssen, um umweltfreundlich die Seele baumeln zu lassen

Heizung, Beleuchtung, Klimaanlage

Gute Öko-Hotels beziehen ihren Strom über netzunabhängige Systeme (Sonnenkollektoren oder Windturbinen), sind gut isoliert (Doppelverglasung), verwenden Energiesparlampen und Schlüsselkartensysteme, die Strom, Klimaanlage und Heizung der Zimmer regulieren.

Wasserverbrauch

Ob ein Hotel Vorkehrungen zur Wassereinsparung getroffen hat, erkennen Sie daran, dass sogenannte Durchflussbegrenzer in Wasserhahn und Duschkopf eingebaut sind sowie eine Spartaste in der Toilettenspülung. Im Badezimmer sollten wiederauffüllbare Pumpseifenspender zur Verfügung stehen, nicht die üblichen umweltschädlichen Plastikfläschchen.

Bezug der Lebensmittel

Was steht auf der Speisekarte des Hotels? Werden Obst und Gemüse selbst angebaut und/oder kommen die Lebensmittel aus der Region? Wählen Sie regionale und saisonale Bio-Lebensmittel.

Gästetransport

Die meisten Öko-Hotels sind auf umweltfreundlichen Transport bedacht: Sie holen bzw. bringen etwa ihre Gäste vom bzw. zum nächstgelegenen Bahnhof oder stellen Fahrräder bereit. Einige haben Ladestationen für Elektroautos und bieten Rabatte bei der Anreise mit einem Elektroauto oder öffentlichen Verkehrsmitteln.

Richard Hammond, Gründer von greentraveller.co.uk

19

PRAXIS-
TIPPS

DER SCHNELLE WEG ZUM VISUM

So bekommen Sie den Stempel ganz unkompliziert.

Elektronische Visa und offene Grenzen innerhalb der EU haben viel von der ehemaligen Romantik einer Grenzüberquerung zunichtegemacht. Doch in manchen Ländern müssen Sie sich noch immer vorab um ein Visum kümmern oder kurzzeitig aus- und wieder einreisen, um es zu erneuern.

Immer gut vorbereitet

Alles eine Frage der Vorbereitung und Geduld, sagt Matt Phillips, *Lonely Planet*-Reiseredakteur und sehr erfahren in der Visa-Jagd quer durch alle Kontinente: »Bewaffnen Sie sich mit Passfotos und US-Dollar-Noten in verschiedenen Nennwerten. Es kommen jede Menge Papierkram und Gebühren auf Sie zu, stundenlange Warterei oder mehrere Ausflüge zur Botschaft.« Phillips empfiehlt, Reisende, die das alles hinter sich haben, um Tipps zu bitten. »Oder Sie klicken auf lonelyplanet.com/thorntree – dort gibt es viele Erfahrungsberichte.«

Und wenn es gar nicht läuft?

»Bleiben Sie gelassen, irgendwann klappt es. Sich auf den Ämtern Feinde zu machen, könnte schiefgehen – zumal die Beamten meist nichts dafür können. Lächeln Sie, harren Sie tapfer aus, aber legen Sie sich einen Plan B zurecht, falls es nach einer Woche immer noch hoffnungslos erscheint.«

Mit etwas Glück erreichen Sie nicht nur Ihr Ziel, sondern bekommen auch einen farbenfrohen Stempel – immer auch ein tolles Souvenir.

GRENZ-
KONTROLLE

20 PRAXIS-TIPPS

SO BEHALTEN SIE DEN ÜBERBLICK ÜBER IHRE FINANZEN

Setzen Sie sich ein realistisches Tageslimit.

Ob Sie in teuren Boutiquehotels absteigen oder als Backpacker reisen – so geht Ihr Haushaltsplan auf:

- Überlegen Sie sich zuhause, wie viel Geld Sie voraussichtlich brauchen, und planen Sie für die ersten Tage etwas mehr ein. Der Anfang einer Reise ist immer etwas teurer.

- Nutzen Sie die moderne Technik, um Ihre Ausgaben im Blick zu behalten: via Online-Banking, SMS-Benachrichtigungen oder Apps wie Trail Wallet.

- Nutzen Sie die Geldkarte oder eine Prepaid-Kreditkarte (S. 42). So können Sie nicht mehr ausgeben, als Sie haben.

- Suchen Sie nach Möglichkeiten, wie Sie sparen, dabei aber die Urlaubsfreuden trotzdem genießen können. Gehen Sie mittags essen, denn dann gibt es oft preiswerte Mittagsmenüs . Oder wie wäre es, am Abend die Happy Hour mitzunehmen? Aber ...

- ... achten Sie auf Ihren Alkoholkonsum – nicht nur, weil sich das tägliche Gläschen im Geldbeutel bemerkbar macht, sondern weil Sie auch Gefahr laufen, nach ein paar Gläsern zuviel die Kontrolle über Ihren Geldbeutel zu verlieren und alle guten Vorsätze in den Wind zu schießen.

Kash Bhattacharya, The Budget Traveller (budgettraveller.org)

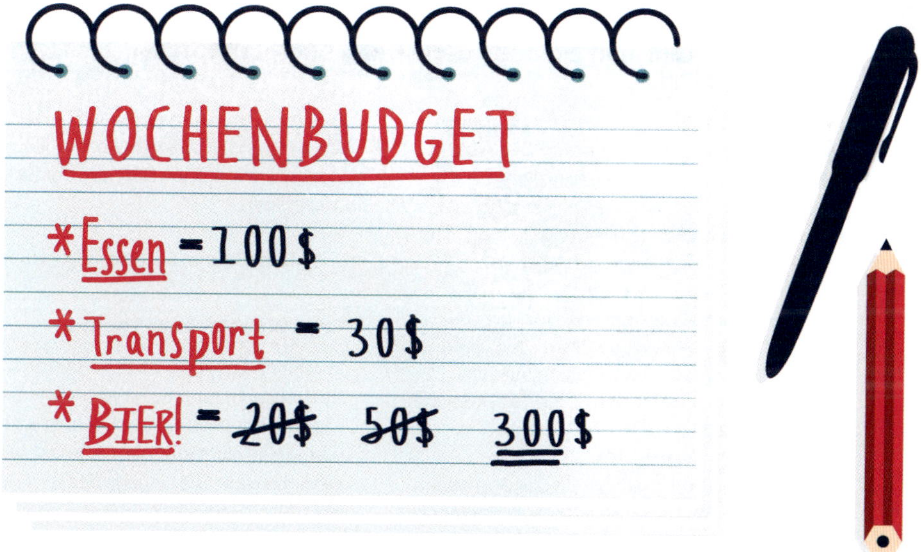
WOCHENBUDGET
*Essen = 100$
*Transport = 30$
*BIER! = 20$ 50$ 300$

21

PRAXIS-TIPPS

TRINKGELD? KLARE SACHE!?

Wo gibt man wie viel? Oder: So vermeiden Sie Fettnäpfchen.

1 Orientieren Sie sich an den landesüblichen Gepflogenheiten. Gibt keiner Trinkgeld, geben Sie auch keines. Umgekehrt kann es peinlich werden, wenn mehr Trinkgeld üblich ist, als Sie es von daheim kennen, und Sie sich nicht anpassen.

2 Sich als über die Maßen großzügig zu erweisen, kann unbeabsichtigte Folgen haben, insbesondere für Touristen, die nach Ihnen kommen, von denen man nun das Gleiche erwartet.

3 Halten Sie stets ein paar kleine Banknoten parat für Türsteher, Portiers und Taxifahrer. Betrachten Sie es als Teil des Preises, nicht als freiwilliges Extra.

4 Versuchen Sie verlässlich herauszufinden, wo wie viel Trinkgeld üblich ist. Ein Tipp von einem erfahrenen Globetrotter ist dabei unbezahlbar.

Auf Seite 114 finden Sie eine kleine Übersicht.

Tony Wheeler zum Thema

In Sachen Trinkgeld zahlt es sich aus, die Rechnung zu durchschauen. Wenn Sie nicht wissen, was alles auf der Rechnung steht oder diese nicht entziffern können, wissen Sie auch nicht, was inbegriffen ist. Fragen Sie beim Hotelpersonal nach, was eine Rechnung üblicherweise beinhaltet.

RECHNUNG

22

PRAXIS-
TIPPS

ALTBEWÄHRTES ZUBEHÖR, AUF DAS SIE NICHT VERZICHTEN SOLLTEN

Gute alte Dinge, von denen Sie nie dachten, dass Sie sie brauchen

Sarah Baxter, Mitherausgeberin von *Wanderlust* und Reiseautorin (sarah-baxter.com), schwört auf ihre Casio F91-W. »Für 20 Euro bekommen Sie eine Uhr, die ewig funktioniert, einen Wecker und ein einfaches Licht hat und aussieht wie von 1981 – ein super Diebstahlschutz.«

Sarah hat außerdem immer ein Beutelchen mit Sicherheitsnadeln, Gummibändern, einer alten Strumpfhose und Klebeband dabei: Helferlein, um unterwegs kleine Reparaturen vorzunehmen, Klamotten oder Vorhänge zusammenzuhalten oder einen praktischen Verschluss zu basteln.

Funktionskleidung muss nicht sein. »Hauptsache, Sie fühlen sich wohl und tragen Sachen, die schnell wieder trocknen. Sparen Sie sich das Geld für unterwegs, dort werden Sie es brauchen.« Es sei denn, Sie wollen spezielle Trips unternehmen wie Felsklettern oder Dschungelwanderungen – dann ist die richtige Ausrüstung unabdingbar.

Poste restante – immer noch modern

Wie aufregend war es früher, vor allem auf langen Reisen in ferne Länder, einen Stapel Briefe von zuhause zu bekommen! Trotz Internet ist es bis heute international üblich, Sendungen postlagernd zu sammeln. Und das funktioniert sogar in den kleinsten Orten und Postfilialen. Probieren Sie es aus und lassen Sie sich Ihre Post in die entlegensten Winkel schicken – das macht Spaß!

23

PRAXIS-TIPPS

FRÜHER INS HOTELZIMMER? SO GEHT'S!

Das stundenlange Betteln an der Rezeption hat ein Ende.

Späte Check-in-Zeiten sorgen für Stress, wenn man sich vor einem wichtigen Termin umziehen, sich vor der Hochzeit frisch machen oder einfach nur sein Gepäck abstellen möchte.

Rufen Sie das Hotel vorab an und erklären Sie Ihre Situation. Da Sie zahlender Kunde sind, sollte dem Hotel an Ihrer Zufriedenheit gelegen sein und es sollte versuchen, Ihnen entgegenzukommen. Bitten Sie darum, im Buchungssystem zu vermerken, dass Sie zu einer früheren Zeit einchecken möchten.

Falls Ihr Zimmer noch nicht bezugsfertig ist, bitten Sie das Hotelpersonal, Ihr Gepäck solange zu verwahren. Bevor Sie lange warten, suchen Sie sich dann einen anderen Ort für eine schnelle Dusche: Schwimmbäder oder die Waschräume in Bahnhöfen sind immer einen Versuch wert. Hinterlegen Sie Ihre Telefonnummer im Hotel und bitten Sie das Personal an der Rezeption um Rückruf, sobald Ihr Zimmer frei ist.

Müde von der Reise?

Immer öfter finden sich an Flughäfen schalldichte Schlafkabinen und sogenannte Kapselhotels, kleine Schlafwaben, die Reisenden ein Nickerchen ermöglichen, etwa Yotel (www.Yotel.com). Auf manchen Flughäfen gibt es sogar Duschräume in der Ankunftshalle.

24

PRAXIS-TIPPS

HOLEN SIE SICH IHR GELD ZURÜCK

Es gibt eine Chance, sich etwas rückerstatten zu lassen – nutzen Sie sie!

Flug verpasst oder storniert?

Bei Billigtickets bekommt man den Flugpreis meist nicht wieder, doch zumindest Steuern und Gebühren müssen die Airlines zurückerstatten.

Im Urlaub eingekauft?

Je nachdem, wo Sie urlauben, können Sie sich bestimmte Steuern, die Sie auf Ihre Einkäufe bezahlt haben, zurückholen. Informieren Sie sich über die jeweiligen Bestimmungen für Ihr Reiseland. Die entsprechenden Formulare bekommen Sie direkt in dem Geschäft, in dem Sie eingekauft haben (ggf. nachfragen). Zahlungen für das Hotel oder ein Mietauto können nicht immer erstattet werden.

Steuerlich absetzbare Reisekosten?

So komisch es klingt, aber es gibt vielleicht Posten auf Ihren gesammelten Urlaubsrechnungen, die Sie steuerlich absetzen können, etwa dann, wenn Sie den Urlaub mit einer Geschäftsreise verbinden. Informieren Sie sich auf der Internetseite Ihres Finanzamts.

Am Ende des Urlaubs noch Geld übrig?

Während das Umtauschen fremder Währungen am Abflughafen oft ein Minusgeschäft ist, lohnt sich ein Umtausch an anderer Stelle im Urlaubsland durchaus, meist ohne Verlust. Oder Sie handeln einen Deal mit einem anderen Reisenden aus – zu legalen Konditionen, versteht sich.

$5
$5
$5
$5

25

KLIPPEN UM-SCHIFFEN

WIE DER JETLAG RASCH »VERFLIEGT«

Warum nur sind wir nach einer Fernreise so kaputt?

Jede Reise, aber vor allem eine lange, kann stressig und anstrengend sein – wenig Schlaf, körperliche Strapazen, verändertes Ess- und Trinkverhalten … All diese Dinge sollten Sie so weit wie möglich vermeiden, indem Sie sich so viel Komfort, Gemütlichkeit und Störungsfreiheit wie nur irgendwie machbar – und bezahlbar – gönnen.

Dann wären da noch die Auswirkungen des Überfliegens verschiedener Zeitzonen, die sich ebenfalls in (wenn auch anders bedingter) Müdigkeit und Schlafstörungen äußern. Versuchen Sie, Ihren Schlaf-Wach-Rhythmus so einzuhalten, als wären Sie bereits am Zielort. So lässt sich Ihre innere Uhr später besser neu einstellen. Wer will, kann zur Schlafenszeit ein (verschreibungspflichtiges) Medikament mit Melatonin einnehmen.

Die Anwendung von jedweder Art von Schlafmitteln sollten Sie auf jeden Fall mit Ihrem Arzt besprechen. Nach einem Langstreckenflug von West nach Ost ist es ratsam, das Mittel zur gewohnten Schlafenszeit einzunehmen, in die umgekehrte Richtung, von Ost nach West, hingegen mitten in der Nacht. Es gibt andere verschreibungspflichtige Medikamente wie Modafinil, die wach halten und bei anstrengenden Reisepassagen hilfreich sein können.

Medikamente können natürlich nicht die innere Uhr auf den neuen Tag-Nacht-Rhythmus umstellen, aber sie helfen gegen Müdigkeit und Schlafmangel.

Dr. Richard Dawood, Leiter der Fleet Street Clinic, London

26

KLIPPEN UM-SCHIFFEN

GESUNDE ERNÄHRUNG UNTERWEGS

...und wie Sie Dickmacher vermeiden

Diäten vor dem Urlaub machen keinen Spaß. Aber wie schaffen Sie es, aus dem Urlaub neben Fernweh nicht auch noch unnötiges Hüftgold nach Hause zu bringen, ohne vorher hungern zu müssen?

- Essen Sie bewusst und nach den altbekannten Regeln: Gedünstetes oder Gekochtes ist gesünder als Gebratenes oder Frittiertes. Fünf Mal am Tag Obst und Gemüse – gut mit sauberem Wasser abgewaschen, versteht sich. Keine zuckerhaltigen Snacks, und wenn doch: Granita statt Eis.

- Mittags empfehlen sich zwei Vorspeisen statt einer Vor- und einer Hauptspeise. Tapas-ähnliche Happen sind praktisch, um allerlei Typisches zu probieren, ohne sich den Bauch vollzuschlagen.

- Sich eine Mahlzeit am Tag selbst zuzubereiten, ist auch bei kurzen Reisen sinnvoll. Selber kochen schont den Geldbeutel. Und der Einkauf auf einem Markt kann richtig Spaß machen!

- Teilen Sie sich mit Ihrem Reisepartner ein Menü – das spart Kosten und Kalorien!

- Seien Sie nicht zu streng mit sich, aber achten Sie auf die Anzeichen – wenn die Hosen langsam spannen, ist dies ein Warnsignal.

Liz Edwards, Redakteurin und Autorin zu den Themen Reisen und Essen

27

KLIPPEN UMSCHIFFEN

ALS FRAU ALLEIN AUF REISEN

...bringt jede Menge Spaß!

Sich allein auf eine große Reise zu begeben, ist besonders für Frauen eine Überwindung, nicht zuletzt wegen der Sorge um die eigene Sicherheit. Lassen Sie sich davon aber bitte nicht abschrecken! Als Frau allein zu reisen, ermöglicht tolle neue Erfahrungen, die stark machen: jede Situation alleine meistern, ungewöhnliche Freundschaften schließen, jederzeit tun und lassen können, was Sie wollen. Damit alles gut klappt, sollten Sie aber immer die folgenden Tipps im Hinterkopf behalten:

1 Planen Sie im Voraus: was Sie am besten anziehen; wann Sie am besten reisen, um nicht mitten in der Nacht an einem fremden Ort anzukommen; wie Sie es anstellen, immer genügend Geld bei sich zu haben, und so weiter.

2 Informieren Sie sich darüber, was in einer Kultur schicklich ist und was nicht. So vermeiden Sie negative Aufmerksamkeit.

3 Wenn Sie gut informiert sind, verlassen Sie sich getrost auf Ihr Bauchgefühl: Nichts schützt Sie besser als Ihre weibliche Intuition.

4 Vergessen Sie nie, warum Sie allein losgezogen sind, und freuen Sie sich darüber. Dieses Gefühl wird Sie durch die Reise tragen und Ihnen helfen, immer die richtigen Entscheidungen zu treffen – wohin als nächstes, wem schließe ich mich an? Eine positive Grundhaltung öffnet Türen!

Imogen Hall

28

KLIPPEN UM-SCHIFFEN

GUT GERÜSTET GEGEN DIEBSTAHL UND DATENKLAU

Diebe setzen auf Ahnungslosigkeit – informieren Sie sich!

Oberstes Gebot: Seien Sie schon im Alltag immer auf der Hut. Jeden Tag. Rund um die Uhr. Dann ist das auch beim Reisen bereits Gewohnheit. Lassen Sie etwa Ihre Kreditkarte nie aus den Augen (z. B. im Restaurant) und geben Sie nie leichtfertig persönliche Daten preis.

Zweites Gebot: Möglichst nicht auffallen, um gar nicht erst ins Visier zu geraten. Das heißt: Tragen Sie unauffällige oder landestypische Kleidung (keine Shorts mit Hawaii-Hemd in Paris). Gehen Sie nicht mit der Kamera um den Hals durch die Straßen. Schauen Sie nicht in aller Öffentlichkeit auf Karten – machen Sie das besser diskret in einem Café.

Es kann nicht schaden, ein paar Brocken der Landessprache zu sprechen (z. B. »Saya tinggal di Bali«, »Ich lebe auf Bali«; oder ganz allgemein »Ich bin von hier« für das entsprechende Reiseland). Das macht Eindruck und schreckt zwielichtige Typen ab.

Verwenden Sie eine Handtasche mit Innentaschen, damit Ihre Geldbörse nicht ohne Weiteres zu greifen ist. Tragen Sie sie am besten quer über Schulter und Brust, damit sie Ihnen nicht im Vorbeigehen geklaut werden kann.

Catherine Le Nevez, *Lonely Planet*- und Reisebuchautorin

TOUR GUIDE
TIKITZ

29

KLIPPEN UM-SCHIFFEN

ABZOCKVERSUCHE UND TRICKBETRUG

Vorsicht bei allem, das zu schön klingt, um wahr zu sein!

Auch wenn Sie im Ausland meist achtsamer und damit sicherer unterwegs sind als zuhause, gibt es ein paar internationale Maschen, auf die Sie vielleicht trotzdem reinfallen.

Die Masche: falsche Polizei. Manchmal ist es sogar die echte Polizei, die bei der Passkontrolle etwas am Visum auszusetzen hat, dann aber verspricht, dass der Spuk vorbei ist, wenn Sie eine Geldstrafe bezahlen. Direkt an sie. In bar. Sofort.
Was tun? Standhaft bleiben und anbieten, mit aufs Revier zu kommen, um alles zu klären. Und damit hat sich die Sache dann meist erledigt.

Die Masche: günstige Diamanten oder Teppiche. Oft begleitet von einem übereifrigen Taxi- oder Rikschafahrer, wird man beim Betreten eines Geschäfts mit einem derart guten Angebot überrumpelt, dass man es unmöglich ausschlagen kann.
Was tun? Nicht beirren lassen – die Juwelen sind wertlos und der Teppich wird nicht mal den Heimtransport überstehen. Es gibt seriöse Händler für diese Dinge, und die würden sich nie so verhalten.

Die Masche: Vogeldreck Platsch! Da ist es passiert, und schon eilt ein Fremder herbei, der mit einem Tuch eifrig an Ihnen herumwischt. Und dabei merken Sie gar nicht, wie Ihre Wertsachen entwendet werden – auf Nimmerwiedersehen.
Was tun? Sehen Sie zu, dass Sie weiterkommen, und schlagen Sie jede Hilfe aus, auch wenn Sie wirklich ein Vogel erwischt haben sollte.

BIG FOOT
SAFARI
Günstige
JUWELEN
TOUREN
gratis
HOTEL
UMSONST
$$$
EINHORN
HERDE

30 KLIPPEN UMSCHIFFEN

FINGER WEG, VIEL ZU TEUER!

Überteuerte Serviceangebote, die Sie sich sparen sollten

Es spart Geld, zu wissen, was den Einsatz wert ist und was nicht. Erscheint Ihnen ein Preis unverhältnismäßig hoch, ist eine erschwinglichere Alternative für gewöhnlich schnell gefunden. Viele solcher Fallen lauern im Hotelzimmer – und ich warte auf den Tag, an dem sich die Hotels schon den Blick in die Minibar bezahlen lassen (oder den bloßen Gedanken daran ...).

Was Sie nicht nutzen sollten	Die Alternative
Hotel-Internet	WLAN im Coffee Shop
Hotel-Minibar	Ein Drink in der Bar um die Ecke
Hotel-Wäscheservice	Ein Sonntagnachmittag im Waschsalon
Daten-Roaming fürs Handy	Eine vor Ort gekaufte SIM-Karte
Taxi (ohne Taxameter)	Ein telefonisch vorbestelltes Taxi
Wechselstuben an Flughäfen	Online vorbestellte Devisen
Internationale Telefongespräche	Skype oder Google Hangout nutzen

Tony Wheeler, Mitbegründer von *Lonely Planet*

WECHSEL-
STUBE
Mini
Bar
DUTY - FREE
Schmuck
DO NOT CROSS
DO NOT CROSS
DO NOT CROSS
DO NOT CROSS
DO NOT CROSS
DO NOT CROSS
DO NOT CROSS
DO NOT CROSS
DO NOT CROSS
DO NOT CROSS

31

KLIPPEN UM-SCHIFFEN

IMMER SCHÖN GESUND BLEIBEN

Krankheiten oder Unfälle passieren – aber es gibt einen einfachen Weg, das Risiko zu minimieren.

Insektenstiche vermeiden

Wenn Sie in tropische Gefilde reisen, sollten Sie sich stets mit ausreichend Schutzmitteln eindecken. In der Nacht bieten Mücken-Stecker, Räucherspiralen und/oder Moskitonetze einen wirksamen Schutz.

Kleine Notfallapotheke

Für die üblichen Malaisen wie Erkältungen, Grippe, Kopfschmerzen, Allergien oder Verdauungsprobleme empfiehlt sich eine Reiseapotheke.

Risiken richtig einschätzen

Ob Sie das Nachtleben genießen, schwimmen, radeln oder tauchen gehen oder sich aufs Moped oder Motorrad schwingen möchten – ein Grundrisiko ist immer vorhanden, und das ist oft größer als zu Hause, während die medizinische Versorgung meist schlechter ist. Vorsorge ist alles!

Hände waschen!

Egal, wo und was Sie essen: Reiben Sie sich die Hände vorher mit etwas Desinfektionsmittel ein, das es in praktischen kleinen Flaschen gibt.

Wissen, wo es Hilfe gibt

Medizinischer Rat ist heute jederzeit ganz einfach zu bekommen. Per E-Mail oder SMS können Sie sich etwa über neu aufgetretene Risiken in Ihrem Reiseland informieren lassen.

Dr. Richard Dawood, Leiter der Fleet Street Clinic, London

32

KLIPPEN UMSCHIFFEN

FITNESS-ÜBUNGEN FÜR UNTERWEGS

Keine Zeit, keinen Platz, kein Fitnessstudio? So bleiben Sie trotzdem fit!

Katherine McNabb (bodyfixphysio.co.uk) zeigt Übungen, die Sie überall durchführen können – im Hotelzimmer genauso wie in der Flughafen-Lounge.

Dehnübung für die Hüfte

- Mit einem Bein auf den Boden knien, das andere Bein nach vorne ausstrecken, den Fuß aufsetzen.
- Gesäßmuskeln anspannen, Hüfte vorsichtig nach vorne schieben.
- Bein wechseln und wiederholen.

Brücke

- Mit aufgestellten Beinen auf den Rücken legen.
- Becken anheben und oben halten, wie eine Brücke. Die Arme lang neben dem Körper ausstrecken.
- Zu einfach? Dann ein Bein ausstrecken. Das Becken bleibt dabei oben, nicht verdrehen!
- Zehn Sekunden halten, dann Beinwechsel.

»Die Tischplatte«

- Im Vierfüßlerstand den Rücken gerade machen wie eine Tischplatte.
- Ein Bein vom Boden abheben und nach hinten ausstrecken, gleichzeitig den jeweils anderen Arm gerade nach vorne ausstrecken. Nacken und Kopf bleiben gerade in Verlängerung der Wirbelsäule, Blick nach unten.
- Zehn Sekunden halten, dann Seitenwechsel.

33

KLIPPEN UMSCHIFFEN

TAKE-AWAY – DAS SCHNELLE ESSEN ZUM MITNEHMEN

... und wann das keine gute Idee ist

Früh aufstehen

... denn dann öffnen die Märkte und bieten sich für ein tolles Frühstück an. Wo schon um fünf oder sechs Uhr Betrieb herrscht, gibt es frische Köstlichkeiten in 1-a-Qualität.

Landestypisch essen

Wer Ceviche in Lima oder Sushi in Tokio genießt, macht sicher nichts falsch. Bei westlich scheinenden Speisen, wie etwa Hamburger, lassen Sie sich besser von Vorsicht leiten.

Umsehen und Angebote vergleichen

Die erstbesten Lokale sind nicht immer die Besten, werden häufig nur von Touristen besucht und bieten kaum eine authentische Küche. Gut, sie sind vielleicht bequem erreichbar, aber Einheimische werden sie dort nicht antreffen.

Der Nase vertrauen, nicht den Augen

Auf Märkten geht es um die Frische der Produkte, und allein darauf sollten Sie achten, nicht etwa auf eine tolle Präsentation. Gar nicht so einfach, wenn die Augen mitessen!

Essen, wo alle essen

Hat sich irgendwo eine Schlange gebildet, ist das ebenfalls ein Hinweis auf gute Qualität. Stellen Sie sich getrost an!

Luke Waterson, Redakteur rund um die Themen Reisen und Essen (englishmaninslovakia.com)

34

KLIPPEN UM-SCHIFFEN

REINFALL IN DEN FLITTERWOCHEN – UND WIE SIE IHN VERMEIDEN

So wird Ihre erste Reise als frisch vermähltes Ehepaar zum Traumurlaub

Dieser traumhafte Strand. Nur Sie und Ihre frischgebackene bessere Hälfte. Liebesglück pur. Hoffentlich. Denn in den Flitterwochen geht erstaunlich oft viel schief. Das lässt sich aber verhindern!

Gemeinsam planen

Der Klassiker: Einer plant die Hochzeit, der andere die Reise. Bei gemeinsamer Planung aber wird der Trip am ehesten Ihnen beiden gefallen.

Erstmal aktiv werden

Eine Hochzeit kann stressig sein und den Wunsch auslösen, sich schon bald an einem Strand zu aalen. Doch das Abschalten gelingt meist besser, wenn Sie zunächst eine Stadt besuchen oder sportlichen Aktivitäten nachgehen.

Träume erfüllen

Sie wollten schon immer auf Madagaskar Lemuren beobachten? Oder Kajak fahren in Alaska? Tun Sie's! Es muss doch nicht immer Strand sein.

Beschenken lassen

Damit Ihre Freunde Ihnen nicht doppelt und dreifach Toaster und Brotbackautomaten schenken, kann man sich auch einen Online-Hochzeitstisch anlegen und sich so etwa eine Reise wünschen – eine großartige Alternative.

Lassen Sie sich inspirieren

Auf www.101honeymoons.co.uk bekommen Sie jede Menge Ideen für Ihre Flitterwochen.

35

KLIPPEN UM-SCHIFFEN

REKLAMIEREN – ABER RICHTIG

Ingrid Stone, Autorin von *Letters of a Dissatisfied Woman* (lettersofadissatisfiedwoman.com), über die hohe Kunst des Beschwerens

Keine falsche Scheu

Vergessen Sie nicht, dass Sie viel Geld bezahlt haben. Falls etwas nicht in Ordnung ist, sagen Sie es deutlich.

Je früher, desto besser

Haben Sie Grund zur Beschwerde, sagen Sie umgehend Bescheid. Reiseunternehmen reagieren meist prompt. Spätere Reklamationen werden möglicherweise nicht anerkannt.

Soziale Netzwerke nutzen

Für den Kundenservice werden Twitter und Co. immer wichtiger. Registrieren Sie sich vor der Abreise, folgen Sie den entsprechenden Seiten und kommunizieren Sie dort mit den Betreuern.

EU-Fluggastrechteverordnung

Fliegen Sie in die EU oder starten Sie dort? Dann lohnt es sich, die Fluggastrechteverordnung zu kennen, denn es besteht unter Umständen ein Anspruch auf Entschädigung bei verspäteten oder ausgefallenen Flügen.

Ruhe bewahren

Es bringt nichts, laut zu wettern. Bleiben Sie höflich, aber bestimmt. Immer.

Schriftlich beschweren

Mit einem gut formulierten, humorvollen Brief überzeugen Sie sicher am ehesten. Bewahren Sie die gesamte Korrespondenz auf.

REZEPTION

36

KLIPPEN UMSCHIFFEN

OHNE STROM NIX LOS

Die Akkus für Ihre elektrischen Geräte sollten immer geladen sein, solange Sie noch nicht am Ziel sind.

Strom für Handy, Tablet oder Digitalkamera kommt für den modernen Reisenden von heute gleich nach Essen und Wasser auf der Liste der überlebensnotwendigen Dinge. So bewahren Sie sich die wertvolle Energie möglichst lange.

Unnötiges ausschalten

Je mehr Apps auf Ihrem Smartphone laufen, desto schneller ist der Akku leer. Deaktivieren Sie alles, was Sie nicht nutzen (auch 3G bzw. 4G).

Offline gehen

Dank Offline-Karten und anderen Apps mit Daten zum Herunterladen müssen Sie nicht die ganze Zeit online sein – und das spart nicht nur Energie, sondern auch Geld!

Kleine Helferlein nutzen

Neben tragbaren, wiederaufladbaren Batterien sollten Sie auch einen Reiseadapter mit Mehrfach-USB-Eingängen dabei haben. Die meisten Geräte können Sie über den Laptop aufladen. Oft ist es möglich, einen USB-Port nach dem Abschalten aktiv zu lassen, um Geräte zu laden.

Den Hotelstrom im Fluss halten

In vielen Hotelzimmern sind die Steckdosen nicht aktiv, wenn die Schlüsselkarte abgezogen ist. Oft können Sie dieses Problem lösen, indem Sie einen kreditkartengroßen Gegenstand in den Schlitz stecken. So können Sie Geräte aufladen, obwohl Sie unterwegs sind.

Shawn Low, Reiseautor

GEFAHR!
TREIBSAND

37

KLIPPEN UM-SCHIFFEN

DIE ANGENEHMEN SEITEN DER REGENZEIT

Nutzen Sie die Zeit für ungestörten Urlaubsgenuss ohne Touristenmassen – und werden Sie trotzdem braun!

Die Regenzeit, so hört man immer wieder, sei nicht gerade die beste Reisezeit. Klar, es wird nass werden, und wer will schon einen nassen Urlaub? Aber halt, es lohnt sich, etwas genauer hinzuschauen. In Thailand beispielsweise kommt der große Regen meist in der Nacht, und das heißt: Tagsüber finden Sie ruhige Strände unter blauem Himmel.

Chris McIntyre, Geschäftsleiter von Expert Africa (www.expertafrica.com), rät: »Reisen Sie in der Trockenzeit, sehen Sie Tiere an Wasserlöchern, die Vegetation ist spärlich und es ist auch nicht viel los. Reisen Sie in der Regenzeit, erleben Sie, wie alles zu blühendem Leben erwacht – ein wahrhaft magisches Erlebnis.« Und natürlich sind Naturschauspiele wie Wasserfälle in der Regenzeit besonders spektakulär. Gut, Saisonunterkünfte können geschlossen haben, dafür kommen Sie in denen, die geöffnet sind, umso mehr auf Ihre Kosten. Gut möglich, dass die Regenzeit in einem Land in die Hauptferienzeit hierzulande fällt, in den Juli oder den August (was für Indien der Fall ist, wo es zu dieser Zeit heiß und schwül ist) – und dann profitieren Sie einmal mehr von der geringeren Nachfrage.

Informieren Sie sich vorab über die klimatischen Bedingungen, die Sie in Ihrem konkreten Reiseland erwarten. Entscheidend ist das Mikroklima an Ihrem Urlaubsort, denn das kann sich von einer Region zur nächsten radikal ändern – sprechen Sie mit Einheimischen und/oder Menschen, die schon einmal dort waren.

38

KLIPPEN UMSCHIFFEN

KLEINER REISE-KNIGGE

Anstand wahren in allen Lebenslagen

Derart (auch unfreiwillig) Anstoß zu erregen, um in echte Schwierigkeiten zu geraten, ist schwer. In aller Regel treffen Sie auf tolerante und verständnisvolle Menschen. Es sei denn, Sie verletzen religiöse Gefühle, insbesondere in islamischen Ländern. Kritische Äußerungen über die Regierung oder die königliche Familie des Landes, in dem Sie zu Gast sind, sind ebenfalls tunlichst zu vermeiden.

Do:

- Lernen Sie ein paar einfache, aber häufig benötigte Sätze in der jeweiligen Landessprache, vor allem »Entschuldigen Sie« und »Tut mir leid«.
- Orientieren Sie sich am allgemeinen Verhalten: Wo es üblich ist, die Schuhe auszuziehen, tun Sie dies ebenfalls; oder Sie halten als Frau Ihre Haare bedeckt, um Respekt zu zeigen.
- Lächeln! Ein aufrichtiges Lächeln macht den einen oder anderen Fehltritt schnell vergessen.

Don't:

- Kritzeln oder ritzen Sie auf gar keinen Fall Namen oder Sonstiges in antike Gemäuer und Monumente.
- Nur weil das achtlose Wegwerfen von Müll anderswo gang und gäbe scheint, müssen Sie es nicht genau so machen.
- Das Fotografieren heikler Orte wie Militäranlagen, religiöse Stätten, politische Einrichtungen oder Demonstrationen ist nicht überall gern gesehen.

39

SPASS-
FAKTOREN

SO WERDEN SIE ZUM PROFI-REISEFOTOGRAFEN

...und schießen die besten Fotos

Motive gibt es haufenweise – jede Sekunde ein neues, und in rasantem Wechsel. Schulen Sie Ihr Auge, um tolle Motive zu erkennen und im richtigen Moment einzufangen.

- Begeben Sie sich zu Fuß auf Erkundungstour und machen Sie sich mit eigenen Augen ein Bild (im wahrsten Sinne des Wortes).
- Morgenstund' hat Gold im Mund: Das Licht ist morgens oft am besten, und die Stadt erwacht zum Leben. Der Lohn wird eine Fülle von Eindrücken und einzigartigen Bildern sein.
- Halten Sie die Kamera griff- und einsatzbereit: Linse offen, eingeschaltet, und mit den Objektiven, die Sie am wahrscheinlichsten brauchen werden.

Show it!

Der wöchentliche Lonely Planet Flickr-Wettbewerb bietet eine großartige Plattform, um Ihre Bilder mit anderen Fotoverrückten in einer Community zu teilen: www.flickr.com/groups/lonelyplanetpublications

- Passen Sie die Einstellungen den Lichtverhältnissen an. Überprüfen Sie ständig die ISO-Einstellungen, insbesondere bei wechselnden Lichtverhältnissen.
- Sehen Sie ein tolles Motiv, drücken Sie ab – es kommt wohl nicht wieder!

Richard I'Anson, Profifotograf

40

SPASS-FAKTOREN

TABLET VS. BUCH: WAS GEWINNT WANN?

E-Book oder klassisches Buch – Sie haben die Wahl!

Was für das Buch spricht	Was für das Tablet spricht
Ein Buch braucht keinen Akku. Sie können darin blättern, so lange Sie wollen, und bekommen die Informationen, die Sie brauchen, ganz ohne Internetzugang.	Bücher sind unförmig, oft schwer und passen nicht immer in jede Tasche. Digitale Reiseführer wiegen nichts und können von überall heruntergeladen werden.
Ein verlorenes Tablet wird teuer.	Auf einem Tablet können Sie hunderte Bücher, Zeitschriften und Filme speichern.
Bücher kann man ausleihen oder mit einem Mitreisenden tauschen, wenn man sie ausgelesen hat.	Wenn Sie Ihr Tablet mit Ihren anderen Geräten synchronisieren, können Sie (nahezu) alles auf jedem Gerät einsehen.
Bücher mögen keinen Regen, fallen auch nicht gerne aus dem Kanu ins Wasser, aber: Papier schwimmt.	Wenn Ihr Buch aus dem Kanu ins Wasser fällt, können Sie das mit Ihrem Tablet filmen.

41

SPASS-FAKTOREN

TOP-TIPPS FÜR EINEN STRESSFREIEN URLAUB MIT KINDERN

Eine gute Planung ist alles für einen entspannten Familienurlaub.

Grundlegend: Bedürfnisse

Wählen Sie einen Ort, der zu den Bedürfnissen Ihrer Kinder passt. Sie auf Städtetouren zu schleppen, wenn sie lieber am Pool oder Strand spielen würden, ist keine gute Idee.

Perfekt: Camping

Für den schmalen (aber auch den größeren) Geldbeutel genau das Richtige. Kinder lieben es!

Zucker wirkt Wunder

Sie haben einen Flug mit Ihren Kindern vor sich und fürchten sich vor der Reaktion der Sitznachbarn? Bestechen Sie sie: Süßigkeiten kommen immer gut an und erhöhen die Hemmschwelle, sich (laut) zu beschweren.

Riskant: Zeitverschiebung

Planen Sie eine Fernflugreise, beachten Sie die Zeitverschiebung und passen Sie die Schlafenszeit vor der Reise schrittweise an die neue Ortszeit an.

Hilfreich: Animation

Animieren Sie Ihre Kinder, sich mit dem Reiseziel zu beschäftigen, sich mit der Kultur oder dem Essen dort vertraut zu machen. Packen Sie ein kleines Schreibheft ein, aus dem Ihr Kind ein Urlaubstagebuch machen kann. Es kann darin auch zeichnen oder etwas hineinkleben (Zugtickets oder Postkarten) – ein schönes Souvenir für daheim!

Jane Anderson, familytraveller.com

42

SPASS-FAKTOREN

GEHEIMTIPPS VON ALLEINREISENDEN

... und warum jeder einmal solo reisen sollte

» Das Alleinreisen birgt mehr Chancen: Es ist leichter, den letzten Platz im Bus oder für eine Tour zu ergattern oder das mysteriöse Upgrade zu bekommen (S. 28), denn nur eine Person mehr fällt kaum ins Gewicht, zwei oder mehr hingegen schon.

» Alleinreisende sind meist offener und finden leichter Anschluss. Auch andere haben weniger Scheu, den ersten Schritt zu tun und Kontakt aufzunehmen. Und wer seine Kopfhörer abnimmt, hat sogar noch mehr Chancen auf Kontakt!

» Man möchte meinen, Alleinreisende lebten gefährlicher, aber das stimmt nicht. Oft ist das Gegenteil der Fall. Es schult das eigene Bauchgefühl, weil man sich nicht auf andere verlassen kann.

» Wer allein reist, ist oder bleibt selten allein: Sie schließen schneller neue Freundschaften und haben die Freiheit, länger zu bleiben, wenn Sie die Gesellschaft mögen. Und wenn nicht? Ziehen Sie weiter. Es hält Sie nichts davon ab.

Matt Phillips, *Lonely Planet*-Reiseredakteur

43

SPASS-FAKTOREN

ERINNERUNGEN SAMMELN

Fotos sind toll, aber unterwegs bekommen Sie doch noch weit mehr in die Finger.

Sammeln Sie ungewöhnliche Dinge, die Sie auch noch Jahre später an diese schöne Zeit erinnern:

- Tickets für Bus, Zug, Flugzeug
- Blätter von Bäumen oder Pflanzen
- Eine CD einer lokalen Band
- Ein Bierflaschenetikett
- Postkarten, die Sie von unterwegs an sich selbst schicken
- Ein Shirt mit dem Logo einer Sportmannschaft. Zu teuer? Dann Shorts oder Socken!
- Einen abgegriffenen Reiseführer (natürlich mit Eselsohren)
- Eine Landkarte oder einen Städteführer, in die Sie Ihre Reiseroute einzeichnen
- Aufnahmen von Geräuschkulissen (wie Straßenlärm)
- Bierdeckel aus der Lieblingskneipe
- Ein Musikinstrument
- Selbst angefertigte Zeichnungen und Skizzen

Seb Neylan, Social Media Marketing, *Lonely Planet*

Lager
TICKET

44

SPASS-FAKTOREN

GRUPPENREISEN MEISTERN

... denn sie sind super, um ein neues Land und neue Freunde kennenzulernen

1 Eine neue Kultur zu erkunden heißt manchmal, viel Zeit in einer Gruppe mit neuen Leuten zu verbringen. Seien Sie also gut darauf vorbereitet. Veranstalter würfeln je nach Unternehmung Gleichgesinnte unterschiedlicher Nationalitäten und Altersgruppen zusammen. Suchen Sie sich vorab das Passende aus.

2 Pünktlichkeit ist mehr als eine gute Tugend, wenn Sie in der Gruppe reisen. Ob früh am Morgen oder spät in der Nacht, verscherzen Sie sich das Wohlwollen der anderen nicht durch Unpünktlichkeit.

3 Fragen Sie Ihren Reiseleiter, um mehr über Land und Leute zu erfahren. Er kann Ihnen nicht nur sagen, wie Sie von A nach B kommen, sondern auch, wo Sie preiswerte Souvenirs kaufen können und wo es tolle Kneipen gibt oder günstige Tickets für Sehenswürdigkeiten in der Stadt.

4 Lesen Sie vorab die Reisebeschreibung und achten Sie darauf, dass genügend freie Zeit für eigene Unternehmungen zur Verfügung steht. So haben Sie von allem etwas.

5 Halten Sie sich aus Gesprächen über Religion und Politik möglichst raus, insbesondere, wenn Alkohol im Spiel ist.

Casey Mead, G Adventures

45

SPASS-FAKTOREN

GESCHÄFTSREISEN ALS MINI-URLAUB

Schöpfen Sie Ihre Geschäftsreise optimal aus – auch wenn Sie bis zum Hals in Arbeit stecken.

Die Jetlag-Schlaflosigkeit nutzen

Ein Spaziergang frühmorgens ist magisch: Die Stadt ist wie ausgestorben – als wären Sie allein. Besuchen Sie einen Markt oder nehmen Sie ein Frühstück in einem angesagten Café, um ein wenig Lokalkolorit zu schnuppern.

Den Eventkalender checken

Tickets für Theateraufführungen oder Sportereignisse bekommt man oft leichter als gedacht. Das Interesse macht Eindruck bei den Gastgebern, und das zweite Ticket für das Spiel findet sicher immer einen Abnehmer.

Schaffenspausen einlegen

Selbst in einem noch so straffen Terminplan gibt es mal eine Lücke, die Mittagszeit oder eine Stunde vor dem Abendessen etwa. Wie wäre es mit einer kleinen Radtour durch die Stadt? Erkundigen Sie sich nach Fahrrad-Verleihstationen.

Stadtbesichtigung fest einplanen

Verabreden Sie sich dafür bereits vor der Ankunft ganz konkret mit einem Kollegen. Absagen wegen eines Geschäfts-Dinners gilt nicht!

Top-Tipp von Tom Otley, Chefredakteur von *Business Traveller*

Packen Sie Sportkleidung ein. Viele große Hotels stellen ihren Gästen Karten zur Verfügung mit Jogging-Routen in Parks oder auf verkehrsfreien Wegen, die manchmal sogar an Sehenswürdigkeiten vorbeiführen.

46

SPASS-FAKTOREN

SOZIALE NETZWERKE FÜR UNTERWEGS

So nutzen Sie die angesagten Plattformen und Apps optimal.

Heutzutage ist man verleitet, auf Reisen viel Zeit in sozialen Netzwerken zu verbringen. Bei Erscheinen dieses Buches gilt es hoffentlich schon offiziell als uncool, ein Selfie vor einem der sieben Weltwunder zu posten. Doch einige Plattformen haben einen echten Nutzen (jenseits von Posting-Funktionen).

- Speichern Sie Ihre Bilder auf **Flickr**, und wenn Sie sie nicht mit der ganzen Welt teilen wollen, markieren Sie sie einfach mit »privat« oder »nur Freunde«. Über eine praktische App für das Smartphone können die Bilder automatisch hochgeladen werden.

- Über **Twitter** sind fast alle Kundenbetreuungsdienste bequem zu erreichen (S. 78).

- Auf **Foursquare** treffen Sie Ihre Freunde und entdecken angesagte Locations und Schnäppchen.

- Mit **Instagram** hinterlassen Sie weltweit Fußspuren: Fotos, die Geo-Tags enthalten, sind ein schönes Souvenir, und mit ihnen lassen sich auf Ihrer virtuellen Weltkarte nach und nach alle Reisen dokumentieren.

- Auf **Foodspotting** gehen Sie auf eine kulinarische Entdeckungsreise. Die interaktive Seite präsentiert Bilder von allerlei Gerichten und Getränken – so wissen Sie, was Sie erwartet.

Emma Sparks, Reisebloggerin und Social Media Coordinator, *Lonely Planet*

47

SPASS-FAKTOREN

DER PORTIER, IHR FREUND UND HELFER

Nein, er ist nicht nur für VIPs da.

Jose Pacuo, Chef-Portier im Milestone Hotel, London (www.milestonehotel.com), erklärt, was ein guter Portier so alles machen kann, damit Sie sich vom ersten Moment an wohlfühlen.

Ein guter Portier öffnet Ihnen im wahrsten Sinne des Wortes die Tür in eine Stadt und verhilft Ihnen ganz schnell zu einem ersten Eindruck. Er steht Ihnen gerne mit gutem Rat und Empfehlungen für Ihre Unternehmungen zur Seite. Da sich ein Portier in seiner Stadt sehr gut auskennt, erhalten Sie aus dieser Quelle verlässliche und auf Ihre Bedürfnisse zugeschnittene Tipps.

Portiers stehen den Gästen für alles Mögliche zur Verfügung – sie parken den Wagen, tragen Koffer oder helfen gar bei der Planung des gesamten Aufenthalts. Auch bei eher ungewöhnlichen Anliegen (wenn Sie zum Beispiel ein bestimmtes Geschenk suchen), hilft der Portier weiter, spart Ihnen somit Zeit und holt Ihre Einkäufe notfalls auch ab.

Einen erfahrenen Portier bringt nichts aus der Ruhe, egal, welches Anliegen Sie haben. Fragen Sie einfach nach. Falls er selbst nicht weiter weiß, hat er jede Menge Kontakte und wird eine Lösung finden.

48

SPASS-FAKTOREN

DAS QUENTCHEN ABENTEUER

Wer öfter mal was Neues ausprobiert, wird mit unerwarteten Erfahrungen belohnt.

Ist der Urlaubsort nicht aufregend genug? Dann hat der Abenteurer und Fernsehmoderator Simon Reeve (simonreeve.co.uk) einige Tipps, wie Sie Ihren Aufenthalt aufpeppen können.

Machen Sie die Nacht zum Tag. Eine neue Gegend sollte man nicht nur zu den normalen Geschäftszeiten, also tagsüber, erkunden. Sie werden staunen, welch völlig andere Gesichter die Stadt in der Nacht und früh am Morgen zeigt.

Das Kleine bewundern statt der Sehenswürdigkeiten. Bleiben Sie in Ihrem Viertel und erkunden Sie sorgfältig die Nachbarschaft.

Studieren Sie Lokalzeitungen. Vergessen Sie internationale Nachrichten. Nichts ist näher dran am Lebensgefühl vor Ort als lokale Medien.

Gehen Sie campen. Vor allem wildes Campen ist Abenteuer pur! Es schärft die Sinne und man ist herrlich nahe an der Natur.

Abseits der ausgetretenen Pfade

Das Laboratory of Experimental Tourism, Latourex (www.latourex.org), präsentiert einzigartige Routen fernab der Massen.

Lassen Sie sich treiben. Werfen Sie an Kreuzungen eine Münze und gehen Sie der Nase nach.

49

SPASS-FAKTOREN

DAS WETTER MACHT, WAS ES WILL

Doch ein Regentag muss kein Weltuntergang sein.

Sonnenziele verheißen Strand und gutes Wetter, klar. Und wenn die Sonne mal nicht scheinen mag? Dann empfiehlt sich ein Tagesausflug in die Stadt, ein Besuch im Museum oder einer Galerie.

Outdoor-Aktivitäten können ebenfalls eine nasse Angelegenheit sein. Beim Surfen zum Beispiel. Achten Sie also auf die richtigen Klamotten, auch wenn das Wetter mal nicht mitspielt. Ein Neoprenanzug hält Sie über Stunden warm im Wasser, das Sie an Schlechtwettertagen so ziemlich für sich allein haben dürften.

Wie wäre es mit einem Besuch im Kino oder Theater? Je kleiner, desto besser. Eine gute Möglichkeit, die örtliche Kultur hautnah zu erleben – ein Kinoabend in Indien etwa ist eine wirklich einmalige Erfahrung!

Aktivsportarten wie Wandern sind auch bei schlechtem Wetter möglich und mit der richtigen Kleidung und Ausrüstung kein Problem. Ganz praktisch bei Regenwetter sind schnell trocknende Handtücher.

Wer mag, kann eine örtliche Bibliothek aufsuchen – ein vielleicht ungewöhnlicher, aber angenehm ruhiger Rückzugsort. Viele bieten heute WLAN und jede Menge Bücher zu Themen mit lokalem Bezug. Man kann stundenlang verweilen und eintauchen in die Besonderheiten des Reiseorts.

50

SPASS-FAKTOREN

GANZ GELASSEN UNTERWEGS

...oder: Wie Sie die Technik einfach mal abschalten und mehr erleben können

Betrachten Sie die Welt auf einem Bildschirm? Suchen Sie ständig nach WLAN oder einer Steckdose? Schreiben Sie ständig SMS oder sind permanent auf Facebook? Dann verpassen Sie möglicherweise etwas.

Phillip Tang hat ein paar Tipps, um auf Reisen offline zu gehen: »Fällen Sie die bewusste Entscheidung, technische Geräte auszuschalten, entweder noch zu Hause oder gleich nach Ankunft im Hotel. Ohne ständigen Internetzugang verlassen Sie sich mehr auf mündliche Empfehlungen von Einheimischen.«

Der Verzicht hat weitere angenehme Nebeneffekte: »Ohne wertvolle Geräte bewegen Sie sich automatisch freier: Sie brauchen nur ein Handtuch für den Strand oder besuchen Viertel, in die Sie sich sonst eher nicht getraut hätten«, sagt Tang.

Und die Lieben zu Hause, die sehnlichst auf Updates warten? Vereinbaren Sie mit ihnen eine feste Zeit zum Skypen. Das macht etwas Besonderes daraus und stiehlt Ihnen keine Zeit, die Sie für Erkundungstouren und spannende Erlebnisse nutzen könnten.

Phillip Tang, Reiseautor (philliptang.co.uk)

Verzichten Sie auf Kopfhörer, wenn Sie unterwegs sind: So nehmen Sie nicht nur die Umgebung bewusster wahr, sondern schließen auch leichter neue Bekanntschaften.

ALLERLEI NÜTZLICHES

KURZ UND KNAPP

KURZ UND KNAPP

HILFREICHE WEBSEITEN UND APPS

Es gibt eine Fülle von informativen und nützlichen digitalen Werkzeugen, mit denen Sie Ihren Urlaub optimal planen können.

Webseiten

Die ultimative Packliste finden Sie auf http://upl.codeq.info/. Fantastisch!

Auf Smart Packing (www.smartpacking.com) gibt es jede Menge Packtipps zum Ausdrucken für Touristen, Familien und Geschäftsreisende.

Money Saving Expert (www.moneysavingexpert.com) ist eine Verbraucher-Webseite mit Sitz in Großbritannien und bietet umfangreiche Informationen zu allen Themen rund um den Urlaub (Flugbuchungen etc.) sowie unzählige Spartipps.

Die Webseiten des US Consular Department (http://travel.state.gov), des UK Foreign & Commonwealth Office (www.fco.gov.uk) und des Australian Department of Foreign Affairs & Trade (www.dfat.gov.au) bieten aktuelle Reisetipps für verschiedene Länder.

Um auf den Straßen dieser Welt sicher unterwegs zu sein, lesen Sie die Informationen der Organisation Safe International Road Travel (www.asirt.org).

AirSafe (www.airsafe.com) versorgt Sie mit Fakten und Zahlen in Bezug auf Flugzeugabstürze sowie Tipps rund um Notfallsituationen.

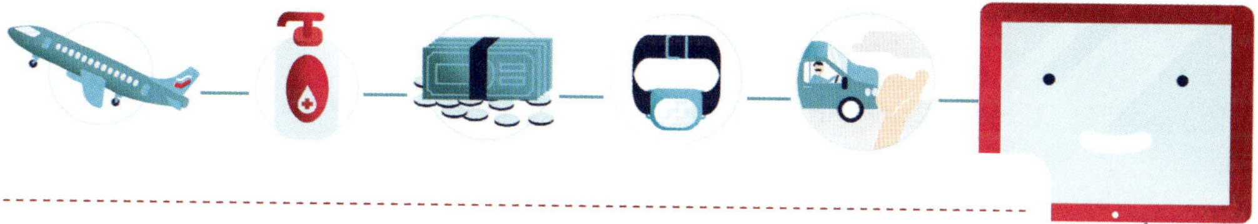

Apps

Google Translate
Übersetzt aus über 70 Sprachen (sowohl Sprach- als auch Texteingabe möglich)

ByPost
Kreiert und versendet Postkarten mit Ihren Bildern von unterwegs

TripIt
Unschätzbar guter Reise- und Routenplaner

Gate Guru
Umfassende Flughafen-Informationen für Terminals rund um die Welt

FlightStats
Flugzeug-Tracking in Echtzeit und interessante Statistiken

SpeedSpot
Informiert über Geschwindigkeit von Internetverbindungen und findet WLAN-Spots weltweit.

WordLens
Übersetzt mittels Smartphone-Kamera gedruckten Text

XE
Währungs- und Devisenkurse in Echtzeit

KURZ UND KNAPP

TRINKGELD-TABELLE

Jedes Land hat seine eigene Trinkgeld-Kultur

Land	Restaurant	Bar	Taxi
Ägypten	12 % Servicegebühr, optional mehr	erwünscht	erwünscht, Höhe variiert
Australien	5–10 %	Wechselgeld	Wechselgeld
Frankreich	15 % Servicegebühr (gesetzl.), 5 % optional	unüblich	10 %
Indien	10–15 % optional	unüblich	nur für ehrliche Fahrer
Irland	10 %	unüblich	10 %
Italien	10 % optional	Wechselgeld	unüblich
Japan	unüblich	unüblich	unüblich
Kanada	15 %	10–15 %	10–15 %
Kuba	10 %	1CUC pro Besuch	10 %
Marokko	10 %	10 %	aufrunden

Land	Restaurant	Bar	Taxi
Neuseeland	5–10 %	5–10 %	aufrunden
Niederlande	bis zu 10 %	bis zu 10 %	aufrunden/ca. 5 %
Spanien	Servicegebühr gesetzlich, 5–10 % optional	beliebig	5 % oder aufrunden
Thailand	aufrunden	Wechselgeld	50–100B
Tschechien	5–10 %	5–10 %	5–10 %
Türkei	10–15 %	unüblich	aufrunden
USA	15 %–20 %	1$ pro Getränk	10–15 %
Vereinigtes Königreich	10–15 %	unüblich	10 % oder aufrunden
Vietnam	5 %	willkommen	willkommen

KURZ UND KNAPP

GLOBALE KLIMAKARTE

Um wettertechnisch keine böse Überraschung in Form der Regenzeit zu erleben, wählen Sie Ihr Reiseziel sorgfältig aus

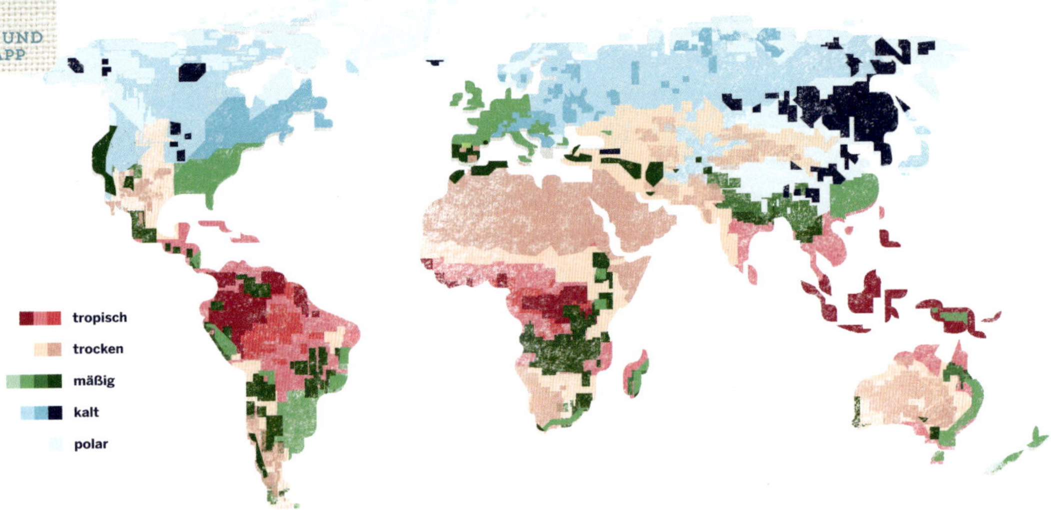

GLOBALE MALARIAKARTE

Man sollte wissen, in welchen Ländern ein besonders hohes Malariarisiko besteht. Zum Schutz vor den Mücken siehe auch S. 70.

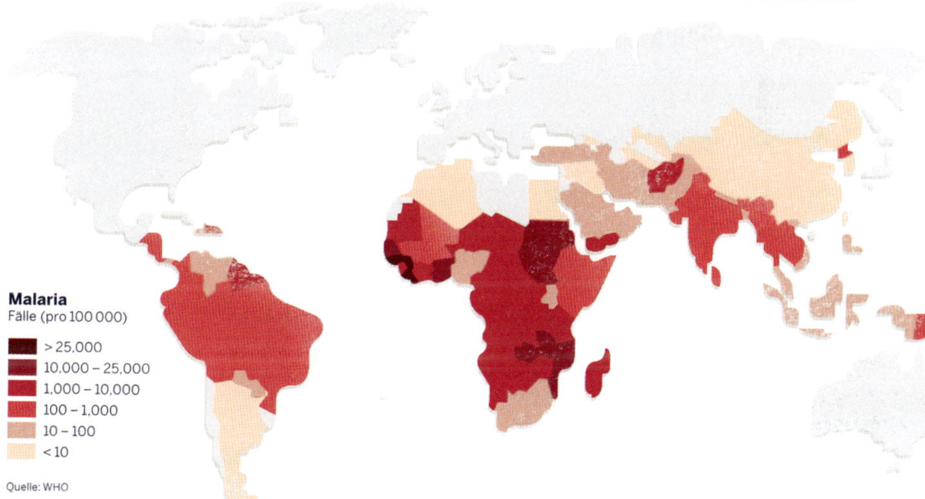

Quelle: WHO

KURZ UND KNAPP

REISE-JAHRESPLANER

Abenteuer, Kultur, Romantik – hier kommen die weltbesten Reiseziele für Ihre Wünsche und für jede Jahreszeit.

	Januar	Februar	März	April	Mai	Juni
Strand	Ostküste Australiens	Gambia	Kapverden	St. Lucia	Kreta	Sardinien
Aktiv	Skifahren in British Columbia, Kanada	Segeln rund um die Whitsunday Islands, Australien	Trekking zum Mount Roraima, Venezuela	Felsklettern im Lake District, England	Tauchen in Polynesien	Trekking in den Anden, Peru
Kultur	Tempeltouren in Thailand	Paläste aus der Mughal-Zeit, Indien	Kolonialstädte und Musik, Kuba	Wiens Museen und Galerien, Österreich	Kyotos Altstadt, Japan	Kunst und Architektur in Glasgow, Schottland
Städte	Prag	Kapstadt	Beirut	Paris	Berlin	London
Flitterwochen	Boutiquehotels in Buenos Aires, Argentinien	einsame Strände auf den Malediven	Party in Rio, Regenwaldabenteuer, Brasilien	einsame Buchten auf Jamaika	Landhausferien in England	Wellness und Tauchen auf Bali und Lombok
Natur	Schlangen und Affen in Costa Rica	Wale und Seehunde vor Valdés, Argentinien	Orang-Utans in Borneo	Ningaloo Marine Park, Australien	Galapagos-Inseln, Ecuador	Gnu-Wanderungen in Kenia und Tansania

	Juli	August	September	Oktober	November	Dezember
Strand	Ibiza, Spanien	Cornwall, England	Fidschi	Sansibar, Tansania	Florida Keys	Thailand
Aktiv	Via Ferrata, Italien	Radfahren in Irland	Kajakfahren im Grand Canyon, USA	Wandersafari, Selous, Tansania	mit Orcas im Tysfjord, Norwegen	Kamel-Safari, Rajasthan
Kultur	Klassik und Zarenkultur in St. Petersburg, Russland	Städte an der Seidenstraße, Usbekistan	alte Geschichte und moderne Kunst in Istanbul, Türkei	das antike und das moderne Rom, Italien	orientalische Kaiserstädte, Marokko	Tanz in Buenos Aires, Argentinien
Städte	Reykjavík	Vancouver	Havanna	New York	Auckland	Hongkong
Flitterwochen	Gondelfahrten in Italien	tropische Auszeit auf Mauritius	5-Sterne-Luxus in Paris und Schlösser, Frankreich	Kapstadt und die Big Five, Südafrika	Vulkane und Surf-Strände auf Hawaii	die ultimative Australienreise
Natur	Braunbären in Alaska	Gorillas in Ostafrika	Rentiere in Lappland	Glühwürmchenhöhlen in Neuseeland	Lemuren auf Madagaskar	Pinguine in der Antarktis

KURZ UND KNAPP

STECKDOSEN-ABC

Stecker, Steckdosen, Adapter und Co. – die Vielfalt weltweit macht einen schwindeln. Hier ein kleiner Überblick:

Land	Steckertyp	kompatibel mit
Australien	I	-
Brasilien	N	C
China	I	-
Europa*	C, E, F	C, E, F
Indien	D	C, D
Japan	A, B	A
Kanada	A, B	A
Malaysia	G	-
Neuseeland	I	-
Singapur	G	-
Südafrika	M	-
Thailand	O	-
UK und Südirland	G	-
USA	A, B	A

* außer:

Schweiz und Liechtenstein
Typ J, kompatibel mit C

Dänemark
Typ K, kompatibel mit C

Italien
Typ L, kompatibel mit C, wenn Steckdose = Typ 10A

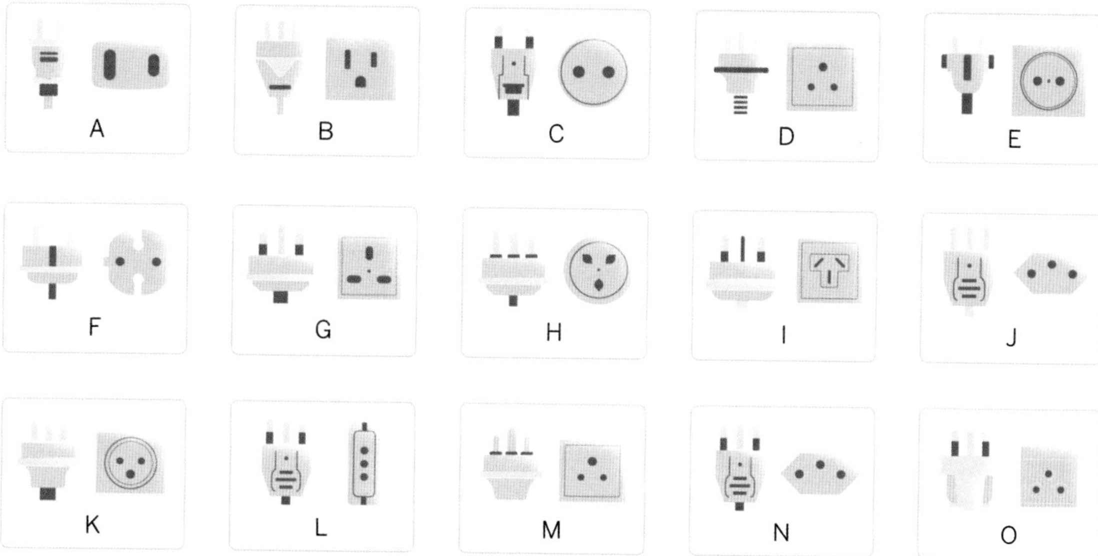
A
B
C
D
E
F
G
H
I
J
K
L
M
N
O

KURZ UND KNAPP

ERSTE-HILFE-CHECKLISTE

Für alle Fälle gerüstet sein – ein Erste-Hilfe-Set sollte auf keiner Reise fehlen. Ein paar Vorschläge dafür:

- ☐ verschreibungspflichtige Medikamente, wenn nötig Malaria-Prävention
- ☐ Paracetamol oder Aspirin für Schmerzen und Fieber sowie Entzündungshemmer (z. B. Ibuprofen)
- ☐ Antidiarrhoika, z. B. für lange Busfahrten
- ☐ orales Rehydrationssalz
- ☐ Antihistamin-Tabletten und Salben für Allergien und Juckreiz
- ☐ Hydrocortisonpräparat für Stiche
- ☐ Sonnenschutz, auch für die Lippen
- ☐ Insektenschutzmittel
- ☐ Mittel gegen Reisekrankheit
- ☐ Wasserreinigungstabletten
- ☐ rezeptfreies Mittel gegen Blasenentzündung
- ☐ Aloe Vera, z. B. für Sonnenbrand
- ☐ Heftpflaster in verschiedenen Größen
- ☐ antiseptische Wundtücher
- ☐ Pinzette, um z. B. Zecken zu entfernen
- ☐ Binden, Schere, Sicherheitsnadeln
- ☐ Blasenpflaster
- ☐ sterile Nadeln, Spritzen

KURZ UND KNAPP

JETZT SIND SIE DRAN!

Was ist Ihr ultimativer Reisetipp? Hier eine Auswahl der besten Beiträge:

Leute beobachten in einem Café, auf einem Platz, in einem Park: Ich liebe es, Menschen zu studieren.

@hungrytrek

Wählen Sie Ihre Reisegefährten WIRKLICH sorgsam aus …

@KadiKaljuste

Wenn etwas schief geht oder man sich zum Affen macht, hat man daheim zumindest eine gute Geschichte zu erzählen!

Richard, via Facebook

Kabelbinder – ganz wichtig.

@fancy_clancy

Klopapierrolle!!!

Chris, via Facebook

Freundlich sein. Freundlichkeit öffnet Türen.

Guiliana,
via Facebook

Baby-Feuchttücher. Unbedingt.

Sarah,
via Facebook

Eine kleine Tasche mit Klamotten und dem Nötigsten als Handgepäck – so kann's weitergehen, auch wenn das Gepäck mal verloren gehen sollte.

@AmyErikson

Taxi fahren, bis das Ziel in Sichtweite kommt, dann aussteigen und den Rest zu Fuß gehen. Man entdeckt dabei so viel!

@jSteies

Dort essen, wo die Einheimischen essen.

Tom,
via Facebook

REGISTER

DANK/IMPRESSUM

Mein größter Dank gilt den vielen Bloggern und Reiseprofis, die sich Zeit genommen haben, um zu diesem Buch beizutragen, sowie all jenen Menschen, die mir diese Kontakte ermöglicht haben. Danken möchte ich auch Jess Cole und Dan Tucker, meinen super Kollegen, sowie jedem Einzelnen im *Lonely Planet*-Büro in London, die mir ebenfalls immer mit Rat und Tat zur Seite standen. Und zu guter Letzt danke ich Imogen Hall für ihre Hilfe und stete Inspiration.

Verantwortlich: Stephanie Iber
Übersetzung: Regina Schneider, Karlsruhe
Redaktion: Nadja Pietraszek, Konstanz
Satz: Roman Bold & Black, Köln
Repro: Ludwig, Zell am See
Herstellung: Bettina Schippel
Printed in Slovenia by Florjancic Tisk d.o.o.

★ ★ ★ ★ ★

Sind Sie mit diesem Titel zufrieden? Dann würden wir uns über Ihre Weiterempfehlung freuen.
Erzählen Sie es im Freundeskreis, berichten Sie Ihrem Buchhändler oder bewerten Sie beim Onlinekauf. Und wenn Sie Kritik, Korrekturen oder Aktualisierungen haben, freuen wir uns über Ihre Nachricht an Bruckmann Verlag, Postfach 40 02 09, D-80702 München oder per E-Mail an lektorat@verlagshaus.de.

Unser komplettes Programm finden Sie unter

www.bruckmann.de

Die Deutsche Nationalbibliothek verzeichnet diese Publikation in der Deutschen Nationalbibliografie; detaillierte bibliografische Daten sind im Internet über http://dnb.d-nb.de abrufbar.

ISBN 978-3-7654-8785-9